视觉中国银盐档案系列VI

非凡之路

影像里的中国故事

视觉中国 主编

電子工業出版社
Publishing House of Electronics Industry
北京·BEIJING

主 创 团 队

顾　　问：李　舸（中国文学艺术界联合会副主席、中国摄影家协会主席）

王文澜（中国摄影家协会顾问）

陈小波（新华社领衔编辑，中国摄影家协会副主席，南京传媒学院副校长兼摄影学院院长）

解海龙（著名摄影家）

总 策 划：刘九如　张宗堂　柴继军

策　　划：刘声峰　姜　伟　孔德喜　商　磊　解翠娟

策划编辑：杨　磊

主　　笔：赵　恺　王　砚　邸　皓　李耀杰

图片编辑：渠　津　张凤娟　海杜马　韩　帅

Contents
目　录

见证

赵恺/文

时光，犹如一条永不停歇、奔腾向前的大河。在以地球公转周期为单位的岁月流转中，与这个世界同行的我们一路见证了如无数浪花般涌起的兴衰荣辱、悲欢离合，却唯有在停下脚步、回头眺望时才能隐约看到那一路绵延而来的波澜和壮阔。

峥嵘百年，古老的中华民族在一代代共产党人前赴后继的引领之下，浴火涅槃、屹立于东方。改革的时代浪潮，更令世界重新认识了一个开放包容的中国。而为了实现中华民族伟大复兴的中国梦，在过去的十年里，亿万华夏儿女更以前所未有的精神面貌，携手并肩、砥砺前行，创造着属于中国的人间奇迹。

如果不翻开记忆，我们或许早已忘记了那个玛雅人用刻在石头上的日历与全世界开的玩笑。2012年显然并不是什么“世界末日”，却仿佛又开启了一个新时代。在此后，九天揽月、五洋捉鳖，前辈的理想被我们一一实现。一桥飞架南北，也从大江大河跨向了大海大洋。

大国需要重器，不仅是因为其能“凝万古之志”，更因为“工欲善其事，必先利其器”。在过去的时光中，中国制造业从曾经的“世界代工厂”走向了“创新智造”的快车道，从微小的圆珠笔芯到重型运输机、航空母舰乃至宇宙空间站，中国自主研发正以前所未有的速度追赶甚至超越这个时代。

“一带一路”的延伸，让世界迈向构建人类命运共同体的康庄大道。而万物互联的网络，更是在潜移默化中改变着千家万户的生活。如同之前我们无法想象离开了电视、广播的生活会是什么模样，今天的世界也与手机、网络紧密相连。或许，我们距离“元宇宙”的出现还有漫长的距离，但这场信息化的浪潮却真实地拉近了中国与世界的距离。

为消灭“结构性贫困”做出的努力，让更多的人群享受到了发展的红利，生命至上、人民至上的理念，更让我们众志成城地去面对那漫长的寒冬。而这一切的成就都雄辩地证明了“只要我们党始终为人民执政、依靠人民执政，就能无往而不胜”这个颠扑不破的永恒真理。

“生态兴则文明兴，生态衰则文明衰”“像保护眼睛一样保护生态环境，像对待生命一样对待生态环境”……在过去的十年中，一系列新理念新思想新战略，助推生态环境持续改善，将那些曾经的一块块生态短板补齐，那人与自然和谐共生的美丽中国，正从蓝图变为现实。

“以史为鉴，开创未来”，这是习近平总书记在庆祝中国共产党成立100周年大会上的谆谆教诲。而在中国文联十一大、中国作协十大开幕式上，习近平总书记更对广大文艺工作者提出了如下要求：

“‘文变染乎世情，兴废系乎时序。’揭示人类命运和民族前途是文艺工作者的追求。伟大的作品一定是对个体、民族、国家命运最深刻把握的作品。改革开放四十五年来，我们党领导人民所进行的奋斗，推动我国社会发生了全方位变革，这在中华民族发展史上是前所未有的，在人类发展史上也是绝无仅有的。面对这种史诗般的变化，我们有责任写出中华民族新史诗。史诗是人民创造的，不论多么宏大的创作，多么高的立意追求，都必须从最真实的生活出发，从平凡中发现伟大，从质朴中发现崇高，从而深刻提炼生活、生动表达生活、全景展现生活。”

非凡之路

影像里的中国故事

时光篆刻

2019 年 10 月 1 日，庆祝中华人民共和国成立 70 周年大会在北京隆重举行。图为市民在北京站拍摄空中梯队。

偶尔散散步 / 人民视觉

2021 年 6 月 28 日晚，璀璨的焰火在国家体育场上空绽放。当日，庆祝中国共产党成立 100 周年文艺演出《伟大征程》在国家体育场盛大举行。**李源 / 人民视觉**

2019 年己亥年元宵节期间，故宫首次举办“紫禁城上元之夜”文化活动。图为灯光照耀下的故宫东南角楼。

范超 / 视觉中国

2022 年 2 月 20 日晚，北京 2022 年冬奥会闭幕式在国家体育场举行。灯光打在 44 位山里娃身上，娃娃们用希腊语唱起《奥林匹克颂》，他们的衣服和鞋上点缀着冰蓝色的鱼头剪纸图案，衣服厚厚的，显得萌态可掬，像极了中国传统的年画娃娃。孩子们眼神纯真、声音纯净，边唱身体边随着旋律摆动。在歌声中，奥林匹克会旗缓缓降下。这 44 名孩子来自河北阜平山区的马兰花儿童合唱团，他们在冬奥会的开幕式上，也是用希腊语演唱了《奥林匹克颂》。**Anthony Wallace/ 视觉中国**

敦煌研究院的壁画修复人员在修复莫高窟第 130 窟顶部的团龙藻井。这个洞窟的壁画曾在 1963 年进行过抢救性加固。**孙志军 / 摄**

2020 年 5 月 27 日，自然资源部第一大地测量队在位于珠峰大本营的珠峰高程起算点，利用测量仪器对准珠峰峰顶的觇标获取测量数据，在此之前，由于珠峰与大本营之间有较多云雾阻隔不便观测，等到云雾稍微散开，队员们便开始了测量。**人民视觉**

KAILAS

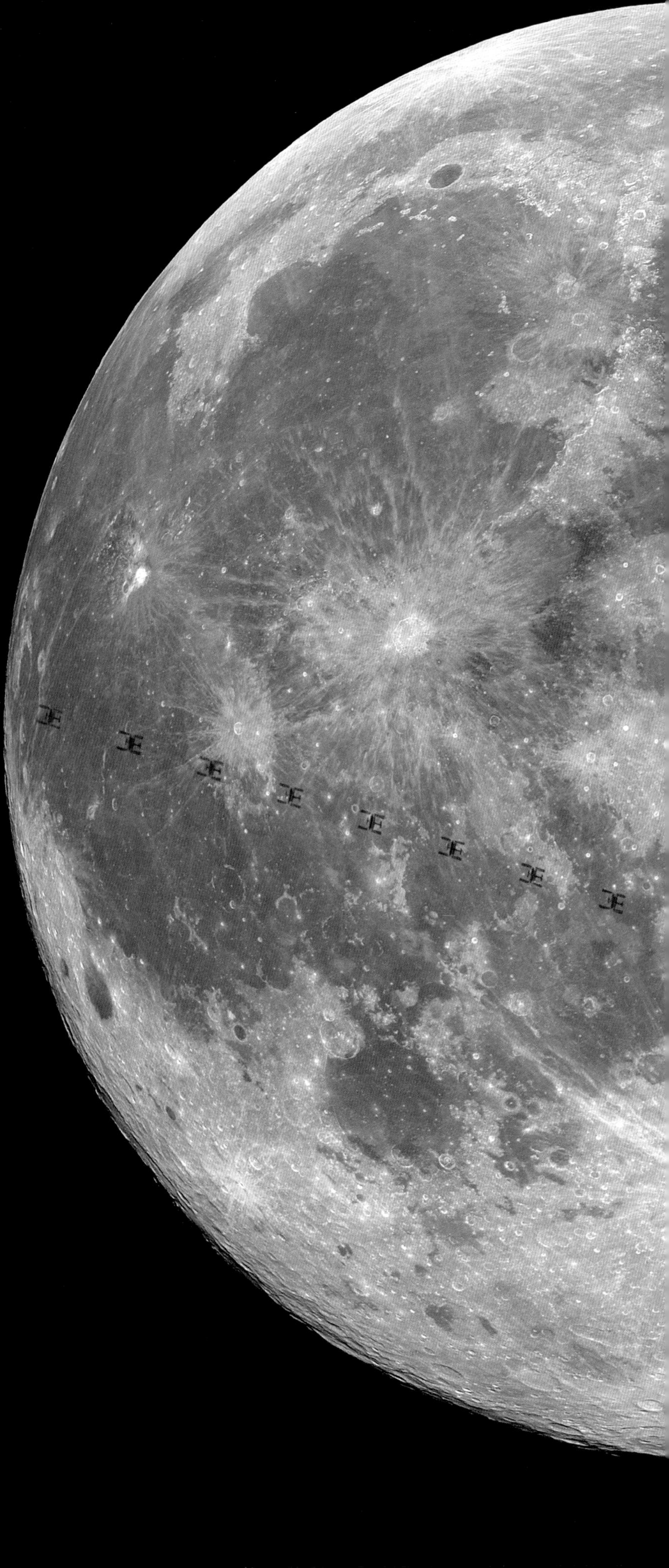

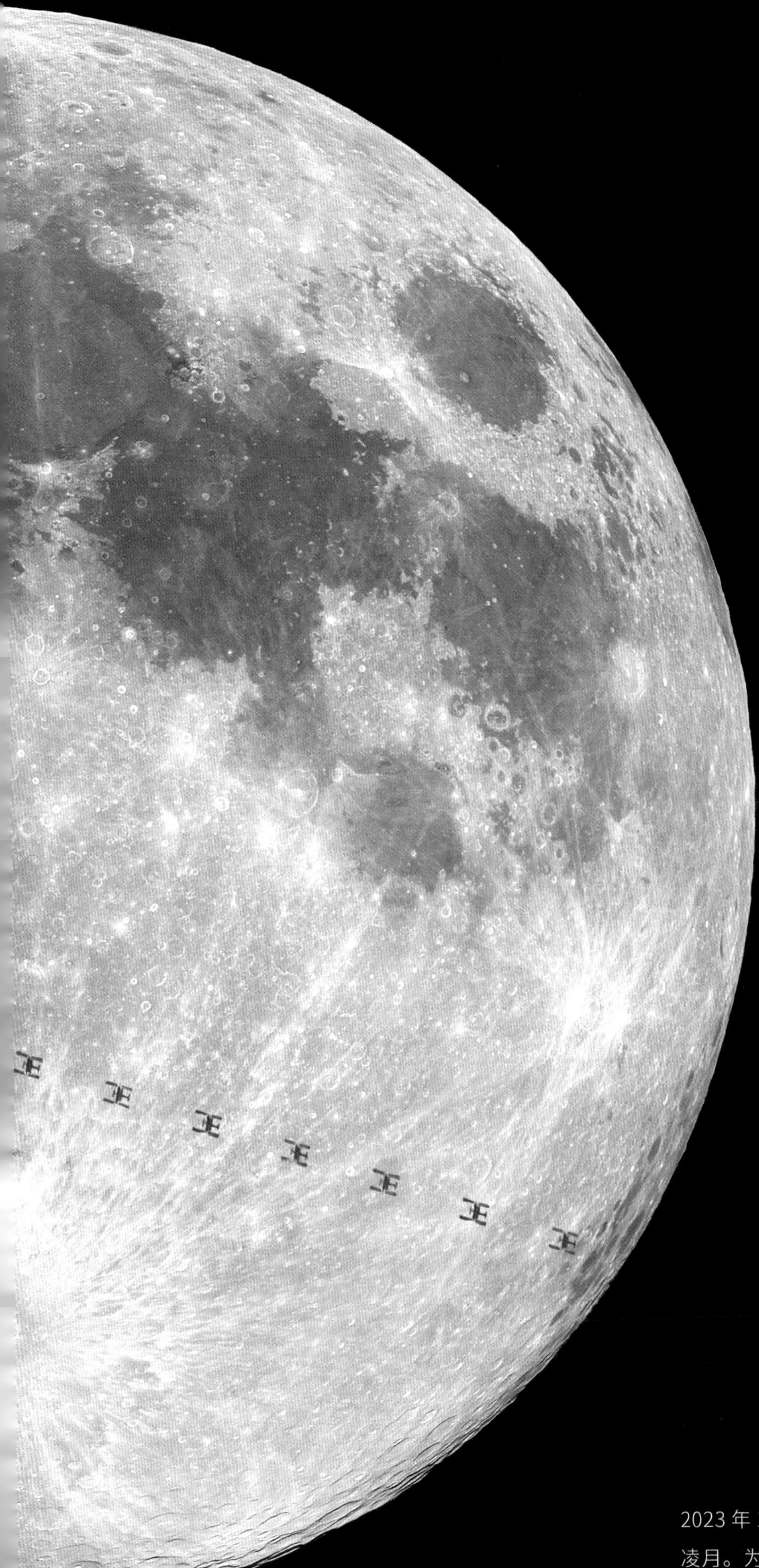

2023 年 1 月 6 日，天文爱好者在苏州拍摄到中国空间站凌月。为了突出空间站划过月球的轨迹，该图使用了天文摄影惯用的堆栈处理方式。**丁乙 / 视觉中国**

2022 年 11 月 8 日，中国国际航空航天博览会（简称珠海航展）举办。八一飞行表演队的飞行员们，在蓝天展示高超精准的飞行动作，拉出鲜艳、环保的国产彩烟，赢得了观众的阵阵欢呼。**周国强 / 人民视觉**

2021 年 9 月 2 日上午，中国和韩国在韩国仁川国际机场共同举行在韩中国人民志愿军烈士遗骸交接仪式。中韩双方代表现场签署交接书，确认交接 109 位在韩中国人民志愿军烈士遗骸及相关遗物。第八批在韩中国人民志愿军烈士遗骸乘国产运 -20 飞机回到故土。**人民视觉**

2022 年 7 月 24 日，长征五号 B 遥三运载火箭在中国文昌航天发射场点火起飞，问天实验舱踏上“问天”之旅，中国航天员将首次在轨迎接航天器“来访”。

李昊 / 视觉中国

2019 年 5 月 1 日，北京大兴国际机场的航拍全景。

冰凉 / 视觉中国

三星堆三号坑出土的青铜面具和青铜方口方尊。**余嘉 / 摄**

在青海昂赛大峡谷寒冷的日子里，三只雪豹趴卧在坚硬的岩石上，它们守望着赖以生存的家园，好似高原的一个图腾。它们身居荒原，自得其乐。**更求曲朋 / 野性中国**

非凡之路

Chapter 01

大国重器
科技强国

回望百年，中华民族由积贫积弱一步步走向了独立和自强。一百年来，中国共产党团结带领中国人民，以“为有牺牲多壮志，敢教日月换新天”的大无畏气概，书写了中华民族几千年历史上最恢宏的史诗。这一百年来开辟的伟大道路、创造的伟大事业、取得的伟大成就，必将载入中华民族发展史册、人类文明发展史册！

弹指一挥间，一百年过去了，而新的百年早已在不知不觉间走来。共产党人永远在路上，中华民族永远在路上。从中国共产党的百年奋斗史中，我们看清楚了过去的前辈为什么能够成功，也弄明白了未来我们怎样才能继续成功，从而在新的征程上更加坚定、更加自觉地“不忘初心、牢记使命”，开创美好未来。

我们不知道前途还有多少坎坷与荆棘，只知道在前进道路上不会始终都是繁花和掌声，但我们深知唯有全力向前，才能实现中华民族伟大复兴的中国梦……

2015 年 11 月 2 日，在中国商用飞机有限责任公司总装制造中心浦东基地厂房内，我国自主研制的 C919 大型客机首次公开亮相。

《航空知识》 陈肖 / 人民视觉

2022 年 5 月 14 日 6 时 52 分，编号为 B-001J 的 C919 大飞机从上海浦东机场第 4 跑道起飞，于 9 时 54 分安全降落，标志着中国商用飞机有限责任公司即将交付首家用户的首架 C919 大飞机首次飞行试验圆满完成。**人民视觉**

C919 大飞机是我国按照国际民航规章自行研制、具有自主知识产权的大型喷气式民用飞机。2015 年 11 月 2 日完成总装下线。2017 年 5 月 5 日成功首飞。一直以来，全世界的民航飞机市场除了法国的空客，就是美国的波音，在这个市场中没有出现过其他国家的民航飞机。在此之前，我国的民航飞机基本上都是使用这两家公司的产品，这是因为我国在这方面一直处于空白状态。2022 年 11 月 29 日，C919 飞机获颁生产许可证。2022 年 12 月 9 日上午，首架 C919 飞机交付中国东方航空公司。这意味着，我国具备了批量生产大型客机的能力，民用客机新时代来临。

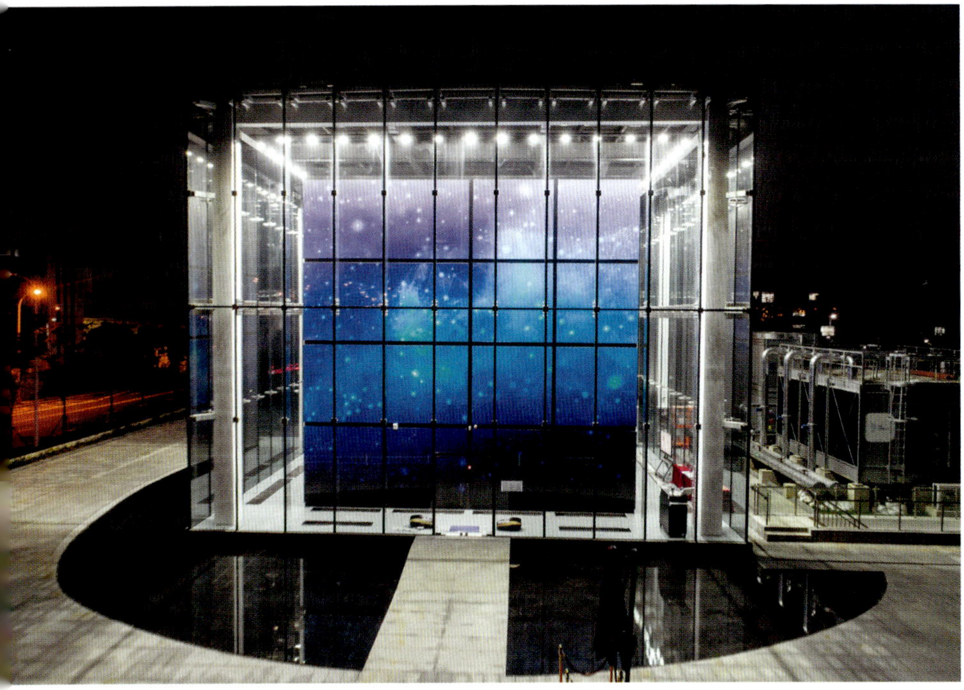

合肥先进计算中心是我国先进计算阵营里的重要一员，由合肥市大数据资产运营有限公司建设，系统建设规模为双精度计算峰值 12PFlops、整数计算峰值 256Pops、数据总存储容量 15PB。其中，双精度计算峰值相当于 31250 台酷睿 I7-9700 计算机，存储容量相当于 117187 部 128GB 手机。作为合肥“最强大脑”的先进计算中心，以“立足合肥市，面向安徽省，辐射长三角”为目标，成为集计算服务、交叉研究和产业创新三位一体的重大科技基础设施和公共服务平台，已服务于气象预报、宇宙演化模拟、抗震分析等科研创新领域，全面融入生活的各个方面。**张大岗 / 视觉中国**

Liquid
Liquid

EG365/ 人民视觉

2016年6月24日，镶嵌于贵州平塘打岱河天坑之中直径500米的世界最大球面射电望远镜。**呈文 / 视觉中国**

2022 年 1 月 6 日，列车从北京居庸关长城旁驶过。当日，奥运版复兴号智能动车组在京张高铁上线开行。时速 350 千米自动驾驶，列车发车、运行、停车、车门开闭全自动，运行状态自感知，各类故障精准预测；“瑞雪迎春”涂装，智能媒体车厢，高铁移动主题邮局，无障碍设施应用，人性化客舱设计，信息交互、灯光调节智能化，“雪之梦”多语言服务；再配上世界上首个时速 350 千米高铁 5G 超高清演播室……依托京张高铁智能复兴号运营经验和先进技术，北京冬奥列车专为北京冬奥会量身定制。

贾天勇 / 中新社摄影部 / 视觉中国

2021 年 7 月 20 日，由中国中车股份有限公司承担研制、具有完全自主知识产权的时速 600 千米高速磁浮交通系统在山东青岛下线。**胡耀杰 / 中新社山东分社**

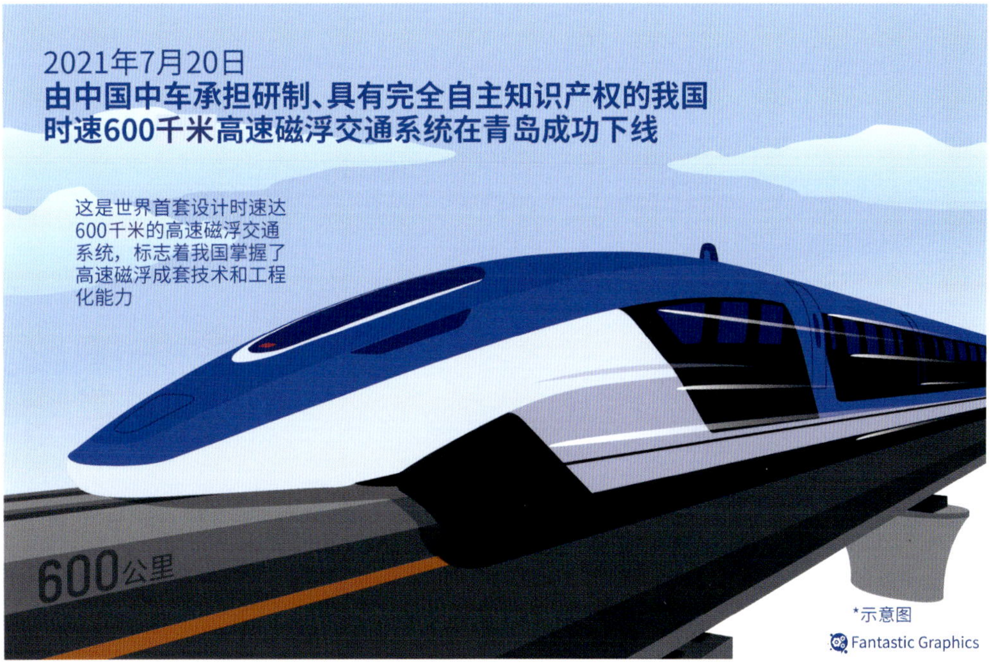

EG365/ 人民视觉

作为已知陆地上最快的交通方式，磁悬浮列车曾被视为解决未来超级城市诸多社会问题的重要途径。但技术瓶颈的制约和高昂的建设费用，令世界各国在这个领域都长期处于停滞不前的状态。而随着中国自主研发的超级磁悬浮列车的出现，未来这款时速600千米的交通工具或许将彻底改变我们的生活方式。

"蓝鲸 1 号"是由中集来福士海洋工程有限公司建造的全球最先进的超深水双钻塔半潜式钻井平台。该平台采用 Frigstad D90 基础设计，配备 DP3 动力定位系统，长 117 米，宽 92.7 米，高 118 米，最大作业水深 3658 米，最大钻井深度 15250 米，是目前全球作业水深、钻井深度最大的半潜式钻井平台，适用于全球深海作业，入级挪威船级社。2017 年 5 月 18 日，我国在南海神狐海域成功试采天然气水合物，成为世界首个实现稳定开采这一海洋超级能源的国家，"蓝鲸 1 号"承担了此次试采任务。**中集来福士 / 视觉中国**

BLUEWHALE I

深海中国“芯”：守护国家能源安全

它如海上孤岛，也若雄伟的“钢铁巨人”，它是当之无愧的大国重器。矗立在海南莺歌海海域的“南海七号”钻井平台，正悄无声息而深刻地影响着我们的生活——源源不断的油气从这里被发掘出来。海洋油气经过开采处理后，化作灶头的火、房里的灯……点亮了万家灯火。

“这是我国自主研发的首套深水水下采油树，技术人员正在对其进行最后下水前的检查作业。”一同前来的中国海洋石油集团有限公司（下称“中国海油”）钻完井技术专家刘书杰介绍，水下采油树是石油工业水下生产系统的核心，其连接了来自地层深处的油气和外部油气的运输管道，可以控制油气的开采速度，并实时监测和调整生产情况。长期以来，全球仅有几家欧美公司掌握水下生产系统的设计建造技术，这导致相关设备采办周期长、价格高、维保难，制约着我国海洋石油自主迈向深水的步伐。

2022 年 4 月 10 日，习近平总书记在海南考察时连线“深海一号”作业平台。总书记指出，建设海洋强国是实现中华民族伟大复兴的重大战略任务。要推动海洋科技实现高水平自立自强，加强原创性、引领性科技攻关，把装备制造牢牢抓在自己手里，努力用我们自己的装备开发油气资源，提高能源自给率，保障国家能源安全。

“为研发这一关键技术装备，中国海油牵头联合 16 家单位持续攻关水下生产、水下控制、水下监测等多项关键技术，在多年技术积累的基础上，历时 36 个月，掌握了设计、制造及测试技术。”中国工程院院士、中国海油首席科学家谢玉洪说。从前期的关键技术攻关，到后期开展产品性能测试，为了让这套海洋油气开采重要装备成功烙上“中国印”，我国深海科技工作者做了万全的准备。

2022 年 5 月 11 日凌晨五时，“南海七号”钻井平台水下设备操作室灯火通明。8 名作业人员紧盯监控屏幕，目送水下机器人顺利解锁采油树送入工具。我国首套国产化深水水下采油树成功在海底完成安装，这标志着我国深水油气开发关键技术装备研制迈出关键一步。“该水下生产系统将用于开发东方 1–1 气田乐东平台周边的气藏，使用该水下生产系统的气井每年可生产天然气约 2 亿立方米，助力我国‘双碳’目标早日实现。”刘书杰说。

“南海七号”点亮的何止是万家灯火，还有在这背后数以万计默默奉献的深海探索者的心。就如刘书杰所说的那样，“我们将继续走向深海、走向更为广阔的深海……”

（张茂 / 摄 邱江华 吴盛龙 / 文）

（下页图）2022 年 5 月 10 日，国产采油树在月池就位后，工程师正在对其进行下水安装前最后环节的检查。当天，我国首套国产化深水水下采油树设备首次安装，这标志着我国深水油气开发关键技术装备研制迈出关键一步。**张茂 / 摄**

高级队长周波（左）与船长王庆（右）正在协商采油树上平台的场地安排，保证作业衔接流畅。**张茂 / 摄**

直升机缓缓从“南海七号”钻井平台升起，工人们正向一批换班返城的同事挥手告别。由于钻井平台上特殊的工作环境，工人每隔 28 天按规定进行换班。**张茂 / 摄**

水下机器人准备将固定在其手臂上的液压插拔接头拔出，为后续打压锁紧水下采油树至高压井口做准备。**张茂 / 摄**

从直升机上俯瞰汪洋大海中的钻井平台和保障船。**张茂 / 摄**

甲板班组人员正在挪动采油树吊装专用的钢丝绳，一条钢丝绳足足有一吨重，需要两个人才能挪动。**张茂 / 摄**

广东东莞大朗镇有一座占地面积达 400 亩的神秘建筑群，大科学装置中国散裂中子源（CSNS）即藏身其中。从外观来看，不规则排列的几栋建筑看不出神奇之处，只有一两个圆形巢状建筑透露出些许高科技感，其实它的核心在 13 米到 18 米的地下。2022 年 3 月 25 日，通过工艺鉴定和验收的中国散裂中子源，作为继英国、美国、日本之后，世界上第四个脉冲式散裂中子源为大众知悉。对于科学家来说，散裂中子源就像超级显微镜，通过中子谱仪既能研究材料中原子们“在哪里”，还能发现它们在“干什么”。对于普通人来说，它能用来探测新型锂电池材料和检测飞机、高铁的安全性。**视觉中国**

中国版“人造小太阳”——全超导托卡马克核聚变实验装置(EAST)是全球聚变研究装置中的佼佼者，也是目前国际上极少数可开展与全球版“人造小太阳”——国际热核聚变实验堆(ITER)相关的稳态等离子体科学和技术问题研究的重要实验平台，是人类挑战极限“造太阳”的重要科学实验基础。**张大岗 / 人民视觉**

EG365/ 人民视觉

B-7817
中国南极考察
CHINARE
海直通航

2014 年 1 月 2 日，从中国“雪龙”号科考船起飞的“雪鹰 12”直升机当天成功将所有 52 名被困乘客从俄罗斯“绍卡利斯基院士”号撤离到澳大利亚“南极光”号救援船附近的冰面上；后者将乘坐“南极光”号驶向没有浮冰的海域。“绍卡利斯基院士”号被困南极已有一周多的时间，中国、澳大利亚和法国的 3 艘破冰船此前的救援行动均因天气原因以及冰层厚度超出破冰能力而宣告失败。

Andrew Peacock / 视觉中国

4 月 18 日下午 3 时许，福建泉州农科所实验基地，泉州首批“飞天”种子——8 颗“飞天”闽架豆与作为对照样本的 28 颗普通豆，分别实现播种。所谓的闽架豆，是航天育种公司对此批“飞天”种子的一种命名，进入太空，它们的基因可能发生变异，其“真身”其实是藤本豆。

经过太空环境，诱发种子产生基因变异，获得新的基因特性，无疑是“飞天”种子令人期待的地方。“飞天”种子的基因变异概率仅为 3%~10%，并且是随机的。据统计，目前我国利用航天技术培育的农作物新品种总数达到 110 多种。

东早 / 视觉中国

2021 年 5 月 23 日，重庆西南大学校园内的袁隆平塑像被鲜花围绕。西南大学是袁隆平的母校。1949 年，他考入位于重庆北碚夏坝的相辉学院农学系。

陈超 / 中新社重庆分社

2021 年 10 月 16 日，世界粮食日，浙江省建德市三都镇新和村试种的袁隆平试验田“巨型稻”迎来开割。这是在袁隆平团队和中国科学院夏新界研究员团队共同指导下的“巨型稻”品种首次在浙江试种成功。袁隆平院士的“禾下乘凉梦”广为人知，今天巨型水稻的丰收让“禾下乘凉”不再是梦。

林云龙 / 视觉中国

北斗卫星导航系统建设完成

2009 年，北斗三号工程正式启动；2017 年 11 月，北斗三号系统首次完成一箭双星的发射。从 2017 年 11 月到 2020 年 6 月，中国成功发射 30 颗北斗卫星，平均一个月发射一颗卫星，创下了世界卫星导航系统组网发射新纪录。2018 年年底，北斗三号基本系统已完成建设，开始提供全球服务。2020 年 6 月 30 日，北斗“收官之星”成功定点，中国北斗卫星导航系统向全球组网完成又迈出重要一步。

◀ 北斗卫星发射时间线

运行轨道

- 地球静止轨道(GEO)
- 倾斜地球同步轨道(IGSO)
- 中圆轨道(MEO)
- 在轨试验
- 退役或失效

运载火箭

A CZ-3A
B CZ-3B
C CZ-3C

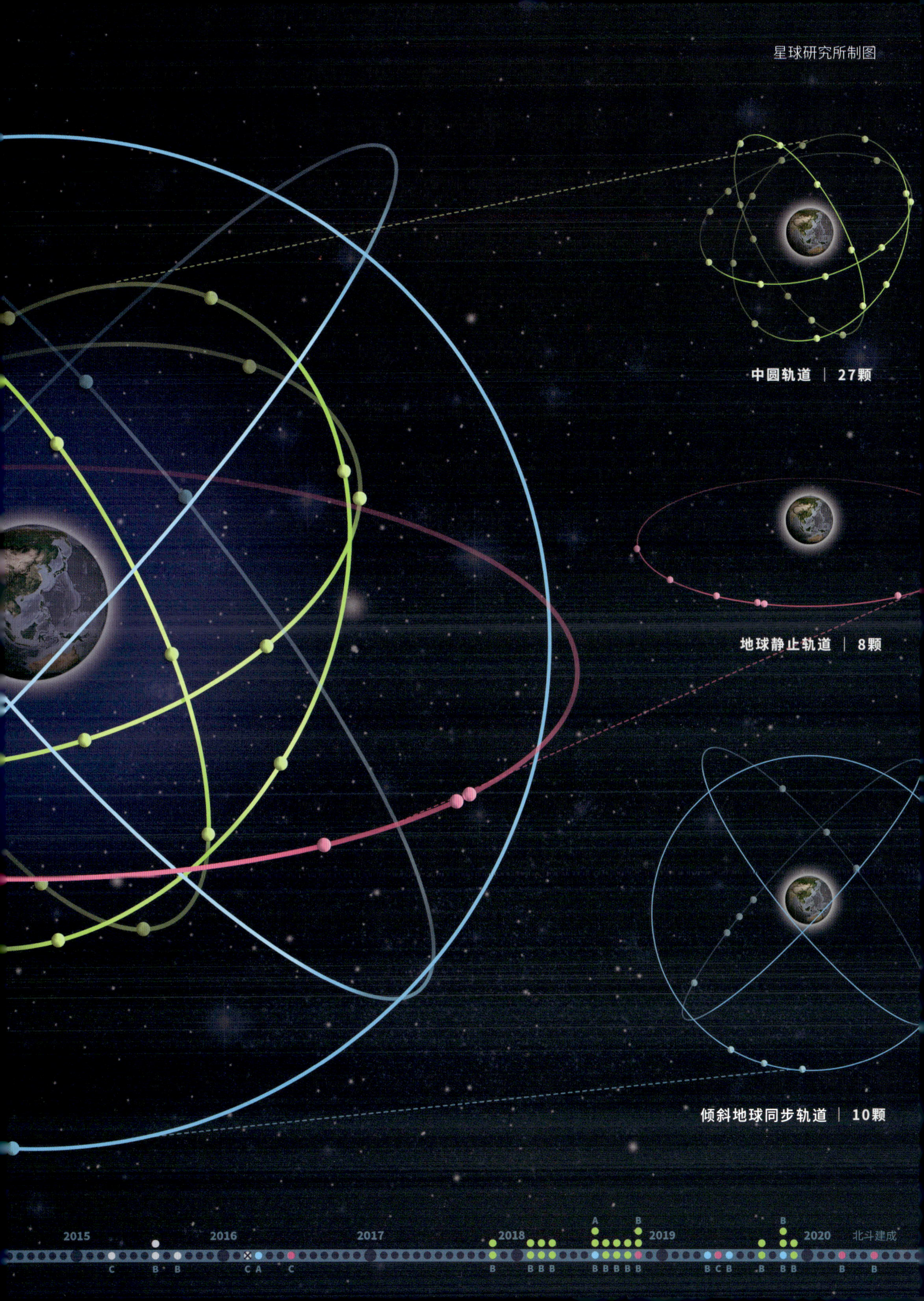
星球研究所制图
中圆轨道 | 27颗
地球静止轨道 | 8颗
倾斜地球同步轨道 | 10颗
2015
2016
2017
2018
2019
2020
北斗建成

北斗卫星导航系统大事年表

EG365/ 人民视觉

1985 年　电子学专家陈芳允院士提出“双星定位”理论，成为北斗计划奠基理论

1994 年　北斗正式立项，提出“三步走”战略目标

2000 年 10 月　北斗导航系统的第一颗卫星发射

2003 年 12 月　北斗一号系统建成，正式向国内用户提供服务

2012 年 10 月　北斗系统成功发射第 16 颗卫星，完成卫星组网

2012 年 12 月 28 日　北斗二号系统正式开通，运行服务区域覆盖亚太地区

2017 年 11 月 5 日　北斗三号第一、二颗组网卫星“一箭双星”成功发射，全球组网开始

2018 年 12 月 27 日　北斗三号基本系统宣告建成，开始提供全球服务

2020 年 3 月 9 日　第 54 颗北斗导航卫星在西昌卫星发射中心成功发射

2020 年 6 月 23 日　北斗三号最后一颗全球组网卫星成功发射，北斗三号全球卫星导航系统星座部署全面完成

2018 年 10 月 24 日，卫星发射前，火箭在四川凉山发射场进行吊装。11 月 1 日深夜 23 时 57 分，在西昌卫星发射中心用长征三号乙运载火箭，成功发射第 41 颗北斗导航卫星。这颗卫星属于地球静止轨道卫星，是北斗三号系统第 17 颗全球组网卫星，也是北斗三号系统首颗地球静止轨道卫星。

史啸 / 中新社通讯员

2020 年 6 月 23 日，陕西省汉中市，无人机驾驶员操控多旋翼无人机——大疆经纬 M600 在略阳县境内的宝成铁路王家沱至乐素河区间 K227 + 210m 处起飞，借助北斗卫星导航系统，对 I 级防洪点危岩山体进行视频和图片数据采集，为精细化构建无人机监管平台奠定基础。**杨静龙 / 人民视觉**

2020 年 6 月 23 日，北斗三号最后一颗全球组网卫星在西昌卫星发射中心点火升空。后北斗时代从此开启。北斗卫星导航系统从 1994 年立项，2000 年第一颗卫星发射入轨，到全部 45 颗卫星环绕地球，北斗组网完毕，再到开启应用发挥价值，新的征程用了 20 多年。相较于美国的 GPS、欧洲的伽利略系统，北斗的高精度服务更胜一筹：我国在全境范围内建设了地基增强系统，实现了天上北斗卫星、地上“一张网”。为珠穆朗玛峰量身高、给武汉的医疗废弃物画路线图……北斗正扩大其应用边界。**人民视觉**

长征系列运载火箭

从脚踏山河做梦要飞入星空，中国人幻想了几千年。

从仰望苍穹到终于俯瞰地球，中国人奋斗了 60 多年。

1956 年 10 月 8 日，钱学森受命组建中国第一个火箭与导弹研究机构。这一年，被认为是中国航天梦的元年，中国人的航天梦由此开启。梦想一旦开启，必将全力以赴。1965 年，中国第一颗人造卫星计划开始实施，历经五年多的艰辛努力，东方红一号终于研制成功，并于 1970 年 4 月 24 日由长征一号火箭送入预定轨道。从将第一颗人造卫星送上天，到 2022 年 3 月 17 日成功将遥感三十四号 02 星送入预定轨道，历经半个世纪，长征系列火箭已经拥有退役、现役共计 4 代 20 种型号，为中国航天业作出了不可磨灭的贡献。

2016 年 6 月 25 日，我国载人航天工程为发射货运飞船而研制的长征七号运载火箭在海南省文昌航天发射场点火升空。这也是海南岛首次发射火箭，众多市民纷纷来到文昌，一睹火箭升空的壮丽景象。**霍立渤 / 人民视觉**

2017 年 4 月 20 日 19 时 41 分，海南文昌，我国自主研制的首艘货运飞船天舟一号发射升空。任务期间，天舟一号先后验证了空间站货物补给、推进剂在轨补加、自主快速交会对接等一系列重要关键技术，为我国空间站研制建设和运营管理积累了重要经验。**人民视觉**

2020 年 7 月 23 日，海南文昌，我国首次火星探测任务天问一号探测器由长征五号遥四运载火箭发射升空。众多市民和游客在发射场附近的淇水湾海滩观看发射过程。**陈中秋 / 人民视觉**

长征系列运载火箭

在我国第一枚火箭设计之初，中国运载火箭技术研究院便有感于红军为实现革命目标，藐视一切困难、不惧任何艰难险阻的顽强斗志提出建议并经上级领导批准，将火箭命名为“长征”，寓意我国火箭事业一定会像红军长征一样，克服任何艰难险阻，到达胜利彼岸。

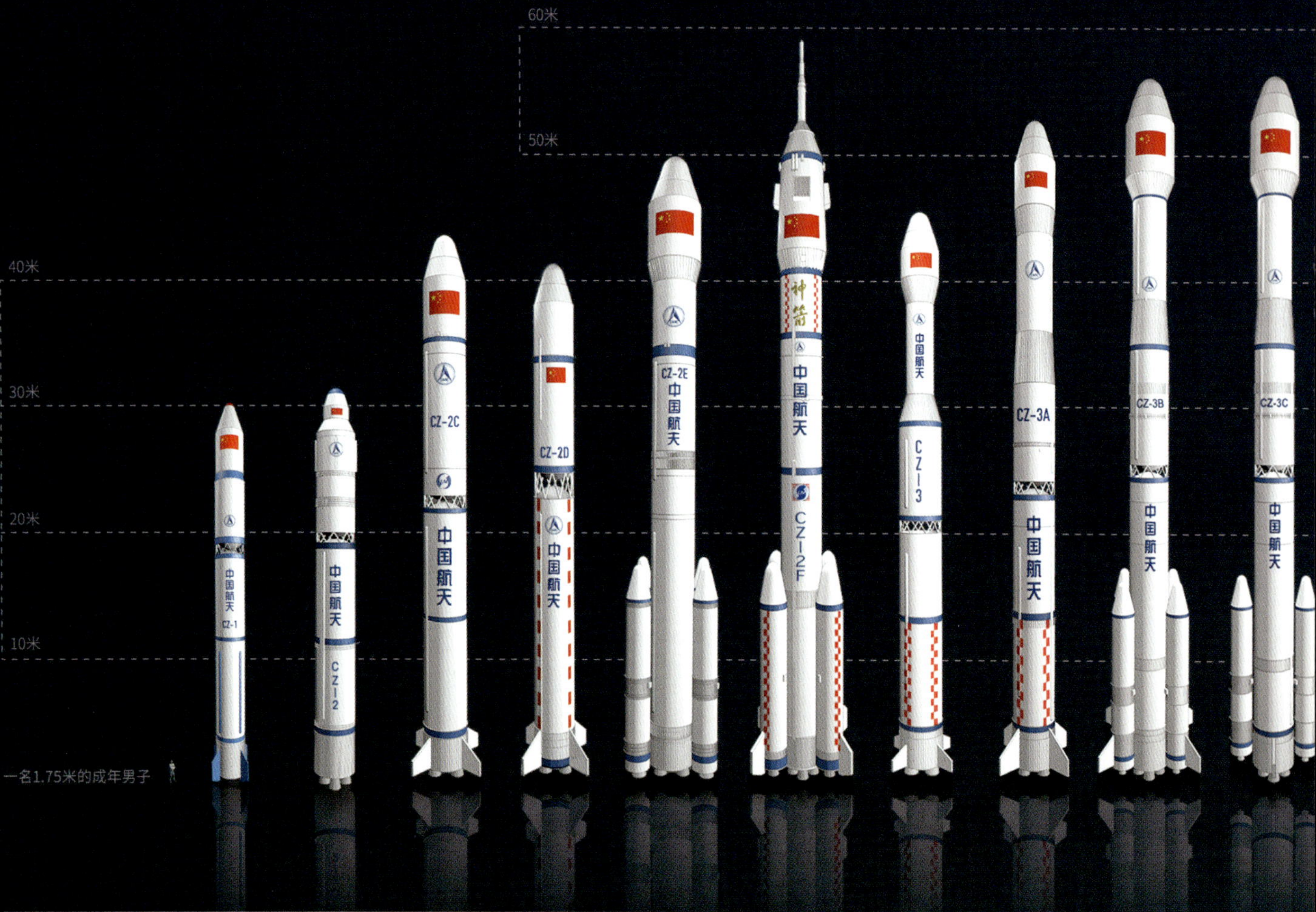

型号	CZ-1	CZ-2	CZ-2C	CZ-2D	CZ-2E	CZ-2F	CZ-3	CZ-3A	CZ-3B	CZ-3C
服役状态/时间（■退役 ■现役）	1970—1971（退役）	1974—1980（退役）	1982—（现役）	1992—（现役）	1990—1995（退役）	1999—（现役）	1984—2000（退役）	1994—（现役）	1996—（现役）	2008—（现役）
底部正视图										
发射场	酒泉	酒泉	酒泉 太原 西昌	酒泉 太原 西昌	西昌	酒泉	西昌	西昌	西昌	西昌

注：图表中，**酒泉**指酒泉卫星发射中心，**太原**指太原卫星发射中心，**西昌**指西昌卫星发射中心，**文昌**指中国文昌航天发射场，**黄海海域**指黄海海域海上发射平台。

从 1970 年 4 月 24 日长征一号运载火箭首飞，至 2007 年 6 月 1 日长征三号甲发射鑫诺三号卫星，长征火箭历经 37 年，实现了第一个“百发”。2014 年 12 月 7 日，长征四号乙成功发射中巴资源卫星，长征火箭用了 7 年时间，实现了第二个“百发”。2019 年 3 月 10 日，长三乙火箭成功发射中星 6C 卫星，用了 4 年多的时间，长征火箭实现了从 200 发向 300 发的跨越。2021 年 12 月 10 日，长征四号乙发射实践六号 05 组卫星任务圆满完成，仅用了 2 年零 9 个月的时间，长征火箭又一次完成“百发”，抵达第 400 发的里程碑。

短短 50 年，400 发“长征”系列运载火箭前赴后继，终于在茫茫星海之中构建起了那属于中国的星座。

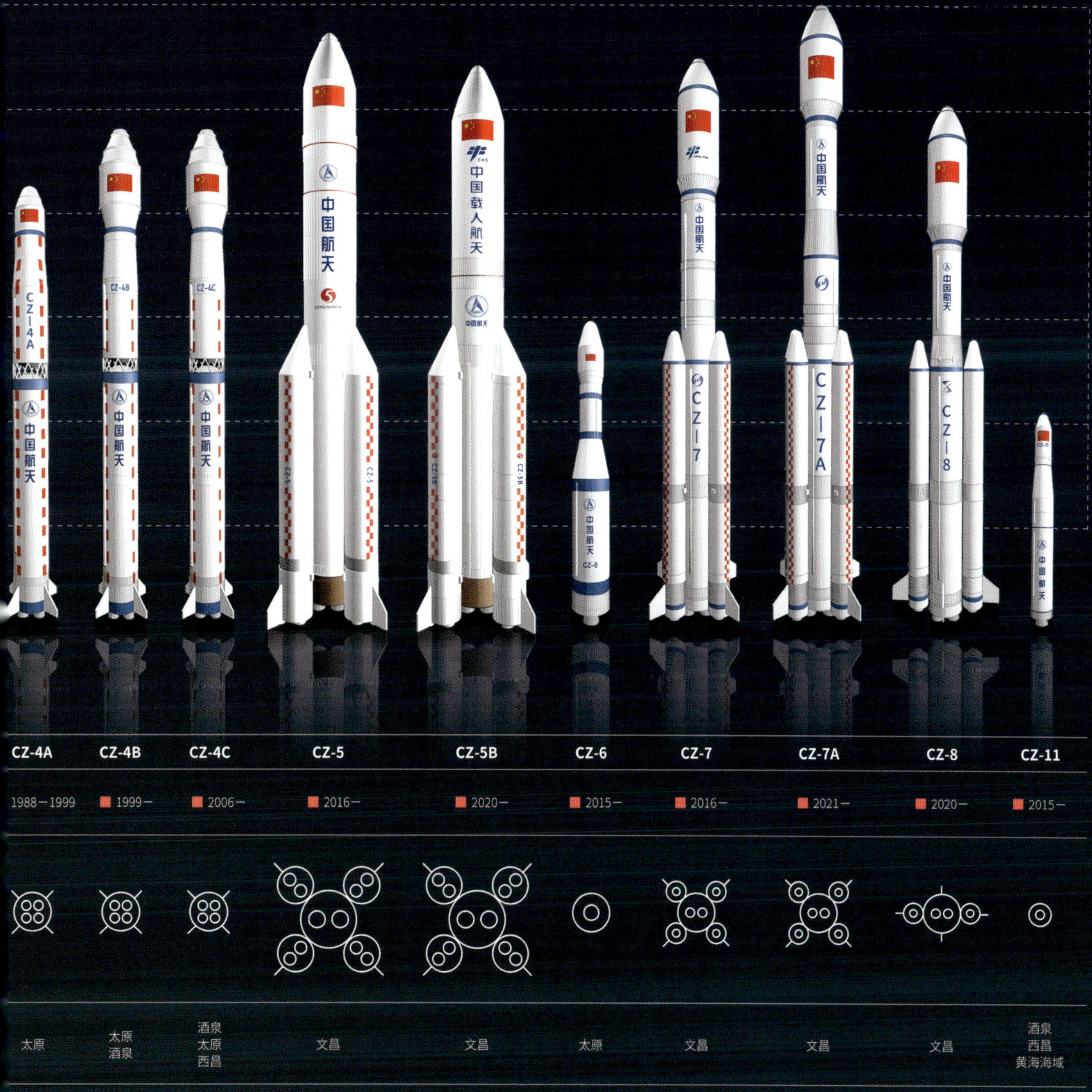

星球研究所制图

2017 年 4 月 17 日，我国自主研制的首艘货运飞船天舟一号与长征七号遥二运载火箭等飞行产品于海南文昌完成了总装测试等技术区各项工作，并转运至发射区。**孙浩 / 人民视觉**

2021 年 4 月 29 日，海南文昌卫星发射中心使用长征五号 B 运载火箭发射天和空间站核心舱，期间，西安交响乐团在海滩演奏庆贺。**朱恩桐 / 人民视觉**

2020 年 10 月 26 日 23 时 19 分，我国在西昌卫星发射中心使用长征二号丙运载火箭将遥感 30 号 07 组卫星送入预定轨道，发射取得圆满成功。图为壮观的火箭尾焰特写。**人民视觉**

中国载人航天

2020 年 5 月 5 日 18 时，为我国载人空间站工程研制的长征五号 B 运载火箭，搭载新一代载人飞船试验船和柔性充气式货物返回舱试验舱，在我国文昌航天发射场点火升空，并成功入轨，首飞任务取得圆满成功，我国载人航天工程第三步空间站在轨建造任务拉开序幕。**晏泽华 / 人民视觉**

中国空间站——天宫

长征系列火箭送入太空的不止卫星，还有飞船。2003 年，首次载人飞船神舟五号被送入太空之前，已有四艘无人实验飞船被送入太空。神舟五号载人飞船穿越大气层，为浩瀚星空增添了一抹亮丽的中国红，标志着中国成为世界上第三个将人类送上太空的国家。看蓝色星球，分外妖娆。

从 2003 年起，到 2022 年 11 月 29 日神舟十五号载人飞船进入太空，中国载人航天工程已累计实施 23 次飞行任务。其间，2011 年送入太空的天宫一号目标飞行器、2016 年送入太空的天宫二号太空实验室、2017 年开始送入太空的天舟系列货运无人飞船、2022 年开始在太空中正式运营的中国空间站，正一步步壮大着中国的载人航天事业。一代航天人老去，一代航天人成熟，当神舟、天舟、天宫离我们越来越遥远的时候，中国人几千年的梦想也离我们越来越近。

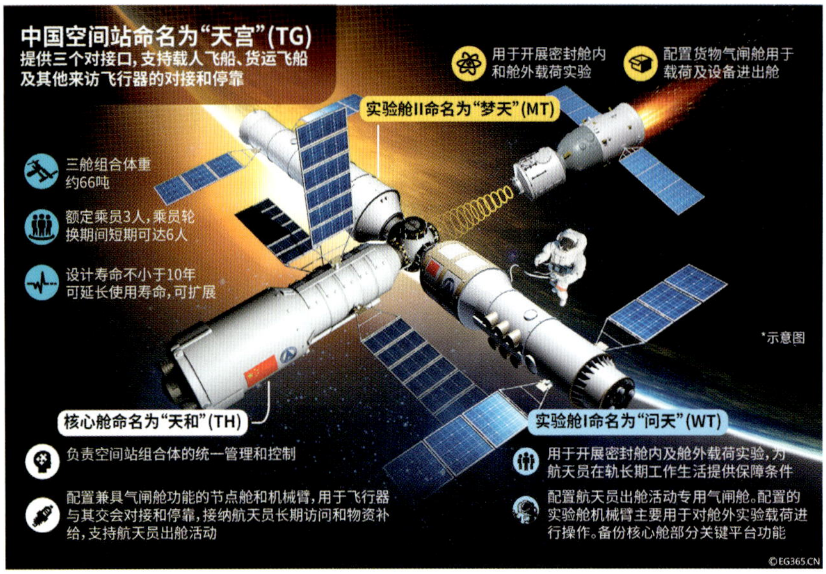

EG365/ 人民视觉

中国迈入“空间站时代”时间表

2021 年 4 月 29 日，长征五号 B 运载火箭将中国空间站天和核心舱发射入轨，标志着中国空间站建设进入全面实施阶段，中国正式进入空间站时代。

2021 年 5 月 29 日，天舟二号货运飞船成功发射，与天和核心舱完成快速交会对接。

2021 年 6 月 17 日，搭载神舟十二号载人飞船的长征二号 F 遥十二运载火箭在酒泉卫星发射中心点火发射，顺利将聂海胜、刘伯明、汤洪波 3 名航天员送入太空。中国人首次进入了自己的空间站。

2021 年 6 月 23 日，神舟十二号航天员首次进行天地通话。

2021 年 7 月 4 日，神舟十二号航天员乘组圆满完成首次出舱活动，包括相关设备组装、全景相机抬升等任务，为空间站后续出舱活动的顺利实施奠定了重要基础。

2021 年 8 月 20 日，神舟十二号航天员乘组圆满完成第二次出舱活动，进一步检验了我国新一代舱外航天服的功能性能，检验了航天员与机械臂协同工作的能力及出舱活动相关支持设备的可靠性与安全性。

2021 年 9 月 16 日，神舟十二号载人飞船与空间站天和核心舱成功实施分离。9 月 17 日 13 时 34 分，神舟十二号载人飞船返回舱在东风着陆场成功着陆，执行飞行任务的航天员聂海胜、刘伯明、汤洪波安全顺利出舱，身体状态良好，空间站阶段首次载人飞行任务取得圆满成功。此次是东风着陆场首次执行载人飞船搜索回收任务。

2021 年 10 月 16 日，搭载神舟十三号载人飞船的长征二号 F 遥十三运载火箭，在酒泉卫星发射中心点火发射，顺利将翟志刚、王亚平、叶光富 3 名航天员送入太空。神舟十三号是中国空间站关键技术验证阶段第六次飞行，也是该阶段最后一次飞行任务，按照计划部署，神舟十三号航天员乘组在轨驻留 6 个月。

2021 年 10 月 16 日，神舟十三号载人飞船与空间站组合体完成自主快速交会对接 。航天员翟志刚、王亚平、叶光富进驻天和核心舱，中国空间站开启有人长期驻留时代。

2021 年 11 月 7 日，航天员翟志刚、王亚平身穿我国新一代“飞天”舱外航天服，先后从天和核心舱节点舱成功出舱。这是中国首位出舱航天员翟志刚时隔 13 年后再次进行出舱活动。王亚平成为中国首位进行出舱活动的女航天员，迈出了中国女性舱外太空行走第一步。

2021 年 12 月 9 日，“天宫课堂”第一课开始，神舟十三号乘组航天员翟志刚、王亚平、叶光富在中国空间站进行太空授课。

2022 年 1 月 6 日 6 时 59 分，经过约 47 分钟的跨系统密切协同，空间站机械臂转位货运飞船试验取得圆满成功。1 月 8 日 7 时 55 分，经过约 2 小时，神舟十三号航天员乘组在地面科技人员的密切协同下，在空间站核心舱内采取手控遥操作方式，圆满完成了天舟二号货运飞船与空间站组合体交会对接试验。

2022 年 11 月 29 日 23 时 08 分，搭载神舟十五号载人飞船的长征二号 F 遥十五运载火箭在酒泉卫星发射中心点火发射，费俊龙、邓清明、张陆三名航天员顺利进入太空，空间站关键技术验证和建造阶段规划的 12 次发射任务全部圆满完成；中国空间站第一次迎来六名航天员一起工作、生活。

中国载人航天空间站“天宫”的设计，初期包括一个核心舱和两个实验舱，每个规模 20 多吨。基本构型为 T 字形，核心舱居中，实验舱 Ⅰ 和实验舱 Ⅱ 分别连接于两侧。核心舱前端设两个对接口，接纳载人太空船对接和停靠；后端设后向对接口，用于货运飞船停靠补给。站上设气闸舱用于航天员出舱，配置机械臂用于辅助对接、补给、出舱和科学实验。空间站运营期间，最多的时候，会有一艘货运飞船、两艘载人飞船。整个系统加起来达 90 多吨。中国空间站具备扩展能力。在运营阶段，可以根据科学研究的需要增加新的舱段，扩展规模和应用能力。

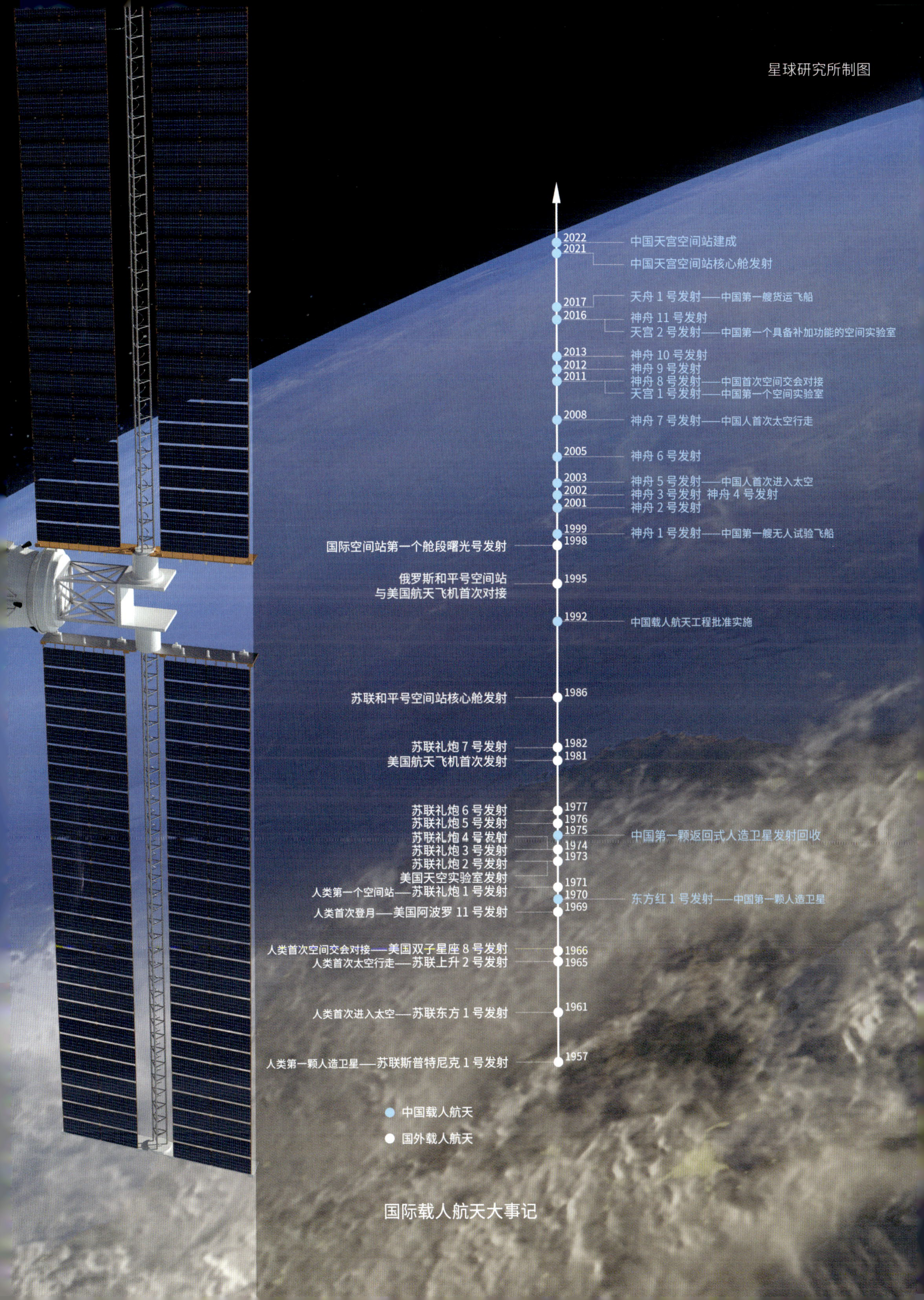
2022 中国天宫空间站建成
2021 中国天宫空间站核心舱发射
2017 天舟 1 号发射——中国第一艘货运飞船
2016 神舟 11 号发射
天宫 2 号发射——中国第一个具备补加功能的空间实验室
2013 神舟 10 号发射
2012 神舟 9 号发射
2011 神舟 8 号发射——中国首次空间交会对接
天宫 1 号发射——中国第一个空间实验室
2008 神舟 7 号发射——中国人首次太空行走
2005 神舟 6 号发射
2003 神舟 5 号发射——中国人首次进入太空
2002 神舟 3 号发射 神舟 4 号发射
2001 神舟 2 号发射
1999 神舟 1 号发射——中国第一艘无人试验飞船
1998 国际空间站第一个舱段曙光号发射
1995 俄罗斯和平号空间站与美国航天飞机首次对接
1992 中国载人航天工程批准实施
1986 苏联和平号空间站核心舱发射
1982 苏联礼炮 7 号发射
1981 美国航天飞机首次发射
1977 苏联礼炮 6 号发射
1976 苏联礼炮 5 号发射
1975 中国第一颗返回式人造卫星发射回收
1974 苏联礼炮 4 号发射
1973 苏联礼炮 3 号发射
苏联礼炮 2 号发射
美国天空实验室发射
1971 人类第一个空间站——苏联礼炮 1 号发射
1970 东方红 1 号发射——中国第一颗人造卫星
1969 人类首次登月——美国阿波罗 11 号发射
1966 人类首次空间交会对接——美国双子星座 8 号发射
1965 人类首次太空行走——苏联上升 2 号发射
1961 人类首次进入太空——苏联东方 1 号发射
1957 人类第一颗人造卫星——苏联斯普特尼克 1 号发射
中国载人航天
国外载人航天

国际载人航天大事记

2013 年 4 月 23 日，神舟十号航天员乘组聂海胜、张晓光、王亚平在北京中国航天员科研训练中心的返回舱进行返回段自主操作训练。**秦宪安 / 人民视觉**

2013 年 6 月 26 日，神舟十号航天员聂海胜、张晓光、王亚平自主出舱后，手持鲜花向欢迎的人们致意。**秦宪安 / 人民视觉**

2018 年 1 月 5 日，北京航天城内的航天员在进行日常训练。
李晋 / 人民视觉

2021 年 7 月 4 日 14 时 57 分，经过约 7 小时的出舱活动，神舟十二号航天员乘组密切协同，圆满完成出舱活动期间全部既定任务，航天员刘伯明、汤洪波安全返回天和核心舱，标志着我国空间站阶段航天员首次出舱活动取得圆满成功。这是继 2008 年神舟七号载人飞行任务后，中国航天员再次实施的空间出舱活动，也是空间站阶段中国航天员的首次空间出舱活动。

中国载人航天工程办公室

2021 年 6 月 17 日，在酒泉卫星发射中心问天阁广场，中国载人航天工程总指挥、空间站阶段飞行任务总指挥部总指挥长李尚福下达命令，聂海胜、刘伯明、汤洪波 3 名航天员领命出征，即将开启为期 3 个月的飞行任务，并将成为中国载人航天进入空间站阶段后的首批太空访客。**人民视觉**

2022 年 11 月 29 日，神舟十五号载人飞行任务航天员乘组出征仪式在酒泉卫星发射中心问天阁圆梦园广场举行。航天员费俊龙、邓清明、张陆在出征仪式上。

人民视觉

神舟十五号载人飞船与空间站组合体成功实现自主快速交会对接后，航天员乘组从飞船返回舱进入轨道舱。北京时间 2022 年 11 月 30 日 7 时 33 分，翘盼已久的神舟十四号航天员乘组顺利打开“家门”，热情欢迎远道而来的亲人入驻“天宫”。这是中国太空家园中第一次出现六名航天员。

中国载人航天工程办公室

2021 年 7 月 21 日，中国航天员汤洪波拍摄的几内亚湾太空视图照片。

汤洪波 / 中国载人航天工程办公室

2021 年 11 月 8 日 1 时 16 分，经过约 6.5 小时的出舱活动，神舟十三号航天员乘组密切协同，圆满完成出舱活动全部既定任务，航天员翟志刚、王亚平安全返回天和核心舱，出舱活动取得圆满成功。图为航天员翟志刚、王亚平在进行舱外活动。**中国载人航天工程办公室**

2021 年 10 月 16 日 0 时 23 分，搭载神舟十三号载人飞船的长征二号 F 遥十三运载火箭，在酒泉卫星发射中心按照预定时间精准点火发射，约 582 秒后，神舟十三号载人飞船与火箭成功分离，进入预定轨道，顺利将翟志刚、王亚平、叶光富 3 名航天员送入太空，飞行乘组状态良好，发射取得圆满成功。

晏泽华 / 人民视觉

2021 年 4 月 28 日，中国空间站天和号核心舱发射进入倒计时，核心舱与长征五号 B 遥二运载火箭组合体蓄势待发。海南文昌的夜空中出现闪电。

谢嘉威 / 人民视觉

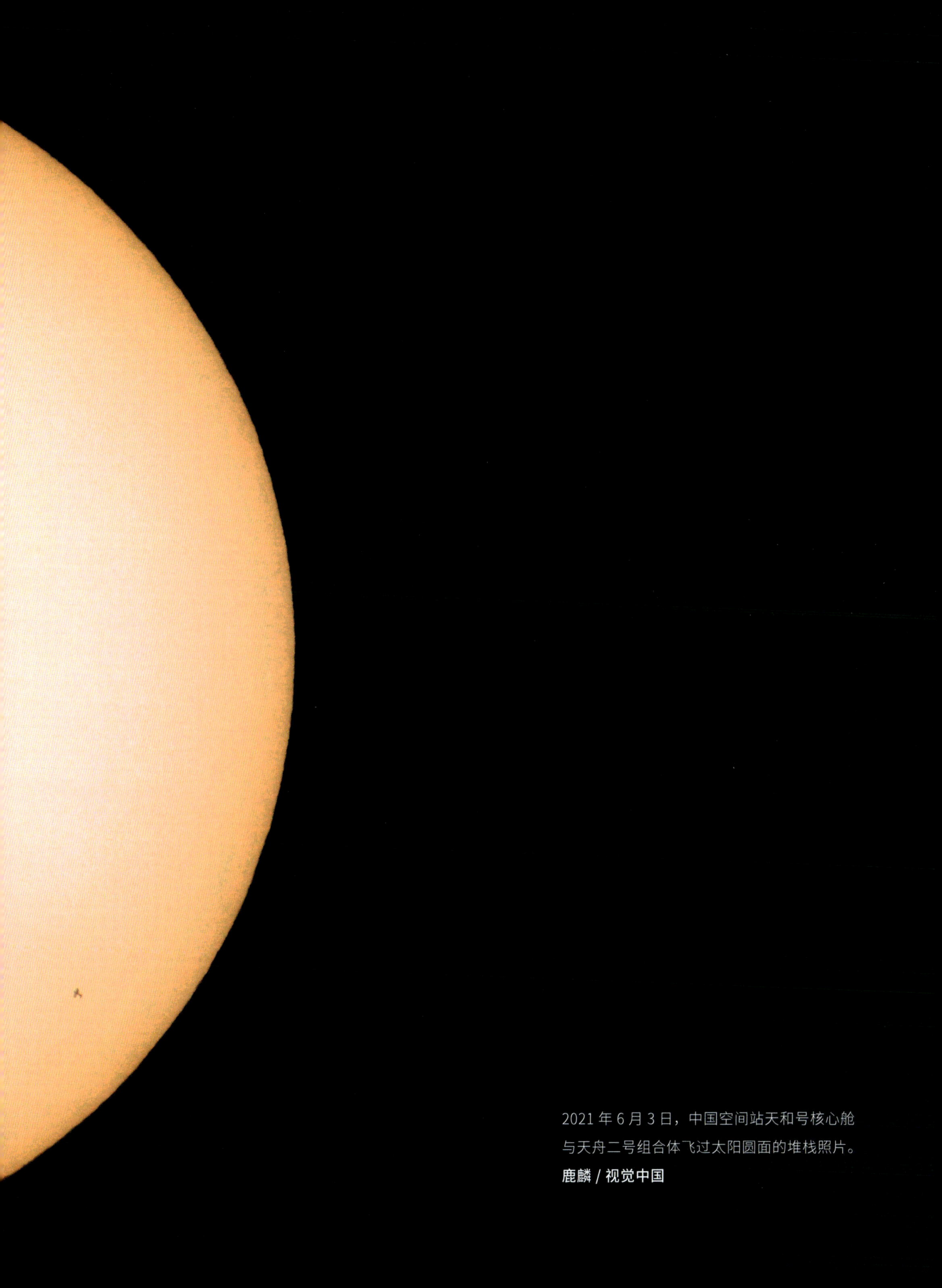

2021 年 6 月 3 日，中国空间站天和号核心舱与天舟二号组合体飞过太阳圆面的堆栈照片。

鹿麟 / 视觉中国

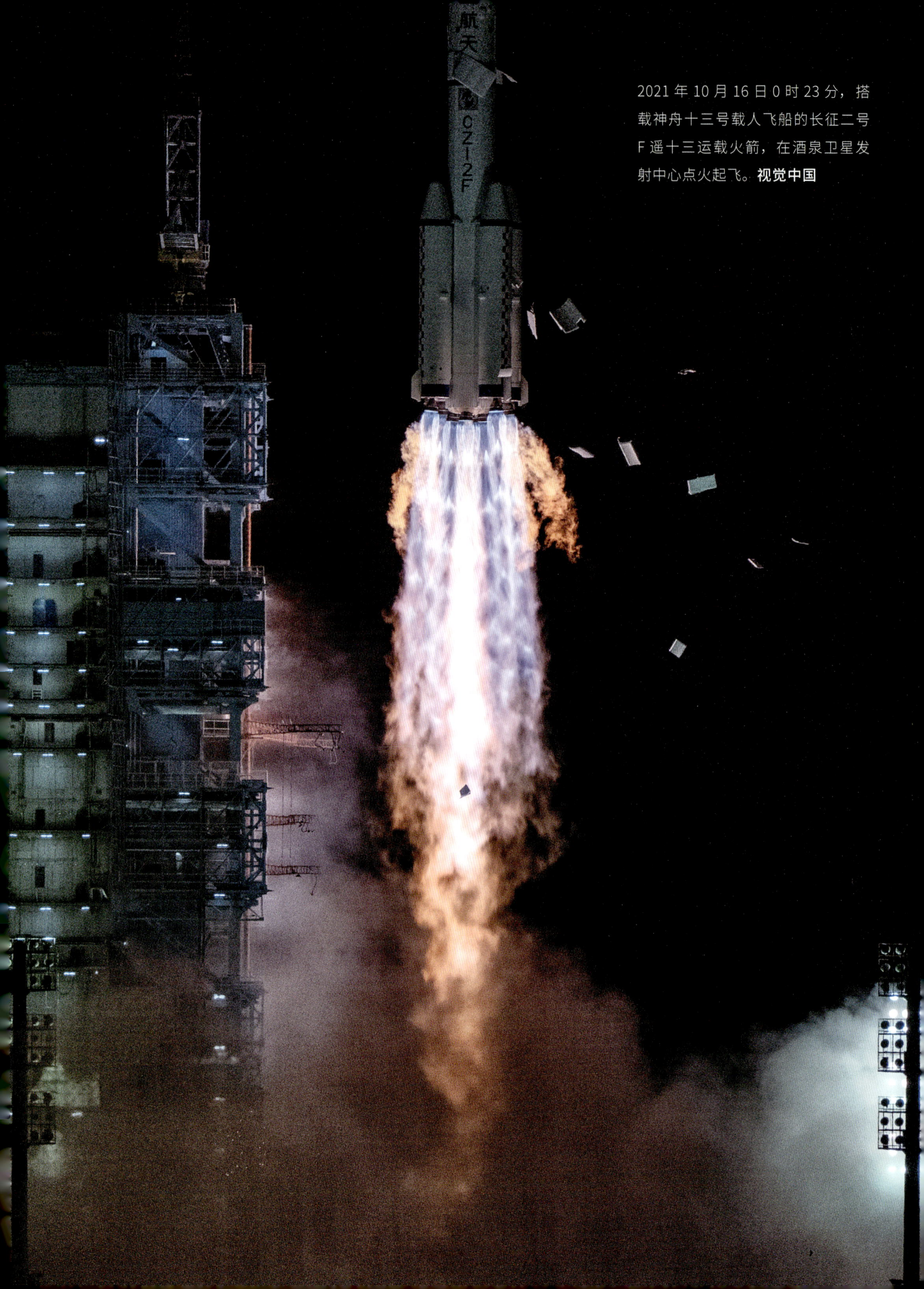

2021 年 10 月 16 日 0 时 23 分，搭载神舟十三号载人飞船的长征二号 F 遥十三运载火箭，在酒泉卫星发射中心点火起飞。**视觉中国**

航天员王亚平在酒泉卫星发射中心进行神舟十三号载人飞行任务训练。**CCTV+/ 视觉中国**

月球和火星探索

随着航天事业的飞速发展，曾经"九天揽月"的梦，在 2007 年嫦娥一号成功发射并首次绕月探测成功，到 2020 年嫦娥五号返回器携带月球样品安全着陆中实现了。新时代，中国航天人的梦是"九天揽星"。2020 年 7 月，天问一号发射成功，并在中国航天史上实现了六个首次，充分展现了中国航天人的智慧，标志着中国在行星探测领域跨入世界先进行列。

嫦娥四号着陆器与玉兔二号巡视器（月球车）工作正常，两器在"鹊桥"中继星支持下顺利完成互拍，地面接收图像清晰完好，中外科学载荷工作正常，探测数据有效下传，搭载科学实验项目顺利开展，达到工程既定目标，标志着嫦娥四号任务获得圆满成功。图为玉兔二号巡视器全景相机拍摄的嫦娥四号着陆器。**中国国家航天局 / 中新社**

中国探月工程“绕、落、回”三步

2013 年 12 月 2 日，长征三号乙加强型火箭成功将嫦娥三号探测器发射升空。嫦娥三号首次实现了中国地外天体软着陆和巡视探测。

2013 年 12 月 14 日，嫦娥三号着陆月球正面，着陆器和巡视器分离。

2013 年 12 月 15 日，嫦娥三号着陆器和巡视器互拍成像，标志着嫦娥三号任务圆满成功。

2018 年 12 月 8 日，嫦娥四号发射升空。嫦娥四号是中国探月工程二期发射的月球探测器，也是人类第一个着陆月球背面的探测器；实现了人类首次月球背面软着陆和巡视勘察，意义重大，影响深远。

2019 年 1 月 3 日，嫦娥四号探测器成功着陆在月球背面东经 177.6 度、南纬 45.5 度附近的预选着陆区，并通过“鹊桥”中继星传回了世界第一张近距离拍摄的月背影像图。此次任务实现了人类探测器首次月球背面软着陆、首次月球背面与地球的中继通信，开启了人类月球探测新篇章。

2020 年 11 月 24 日，长征五号遥五运载火箭搭载嫦娥五号探测器发射成功，这是中国航天领域迄今最复杂、难度最大的任务之一。

2020 年 12 月 17 日凌晨，嫦娥五号返回器携带月球样品，采用半弹道跳跃方式再入返回，在内蒙古四子王旗预定区域安全着陆。中国探月工程“绕、落、回”三步走规划如期完成。

2021 年 2 月 22 日，嫦娥五号带回的月壤在人民大会堂首次公开亮相。

2020 年 11 月 24 日，嫦娥五号月球探测器在海南文昌卫星发射基地发射升空。**马畅 / 人民视觉**

2019年1月3日，嫦娥四号探测器成功着陆在月球背面东经177.6度、南纬45.5度附近的预选着陆区，并通过“鹊桥”中继星传回了世界第一张近距离拍摄的月背影像图。

中国国家航天局 / 视觉中国

2019年1月4日，中国国家航天局发布消息，嫦娥四号着陆器与玉兔二号月球车的巡视器分离后按计划开展相关任务，部分有效载荷已开机工作，玉兔二号则继续在月球背面行走。当天，玉兔二号已与“鹊桥”中继星成功创建独立数传链路，并完成环境感知、路径规划，按计划在月球正面行走到达预定的A点，开展科学探测。图为着陆器地形地貌相机拍摄的玉兔二号在A点的影像图。

中国国家航天局 / 中新社

CE-4

2020 年 12 月 17 日 1 时 59 分，嫦娥五号返回器携带月球样品在内蒙古四子王旗预定区域安全着陆，探月工程嫦娥五号任务取得圆满成功。

马建兵 / 人民视觉

嫦娥四号着陆器地形地貌相机拍摄的玉兔二号巡视器。

中国国家航天局 / 中新社 / 视觉中国

2020 年 7 月 23 日，我国在文昌航天发射场，用长征五号遥四运载火箭成功发射首次火星探测任务天问一号探测器。火箭飞行约 2167 秒后，成功将探测器送入预定轨道，开启火星探测之旅，迈出了我国行星探测第一步。

詹道鹏 / 人民视觉

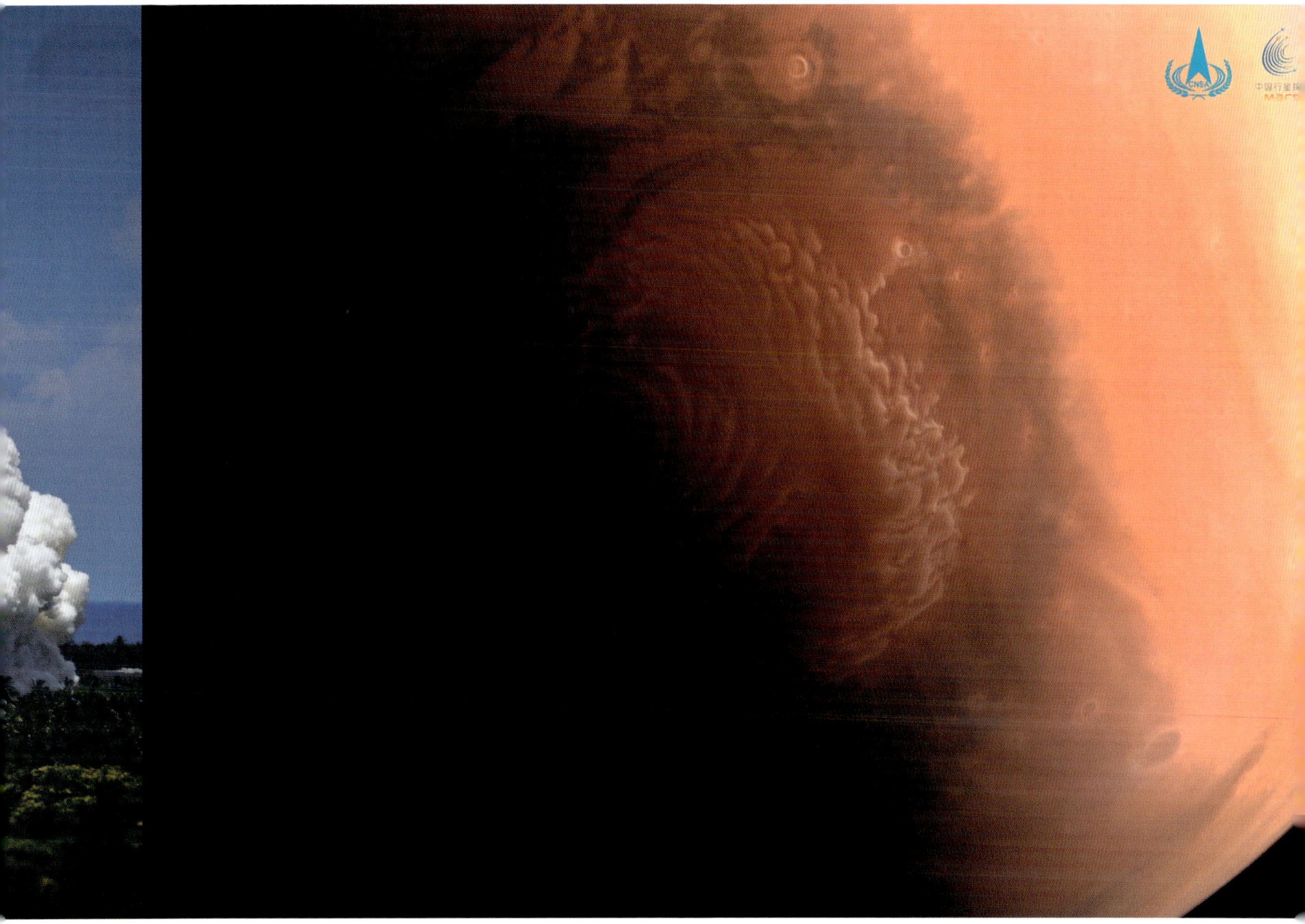

2021 年 3 月 4 日，国家航天局发布三幅由我国首次火星探测任务天问一号探测器拍摄的高清火星影像图，包括两幅黑白图像和一幅彩色图像。2 月 26 日起，天问一号在停泊轨道开展科学探测，环绕器高分辨率相机、中分辨率相机、矿物光谱仪等科学载荷陆续开机，获取科学数据。环绕器上的高分辨率相机配置两种成像探测器，能够实现线阵推扫和面阵成像，对重点区域地形地貌开展精细观测。中分辨率相机具备自动曝光和遥控调节曝光功能，能够绘制火星全球遥感影像图，进行火星地形地貌及其变化的探测。图为国家航天局发布的由我国首次火星探测任务天问一号探测器拍摄的高清火星影像图。彩色图像由中分辨率相机拍摄，画面为火星北极区域。**中国国家航天局 / 人民视觉**

2021 年 6 月 11 日，国家航天局在北京举行天问一号探测器着陆火星首批科学影像图揭幕仪式，公布了由“祝融号”火星车拍摄的着陆点全景、火星地形地貌、“中国印迹”和“着巡合影”等影像图。首批科学影像图的发布，标志着我国首次火星探测任务取得圆满成功。2021 年 5 月 15 日，天问一号着陆巡视器成功着陆于火星乌托邦平原南部预选着陆区，我国首次火星探测任务着陆火星取得圆满成功。**人民视觉**

2022 年元旦来临之际，国家航天局发布我国首次火星探测任务天问一号探测器从遥远火星传回的一组精美图像，向全国人民报告“天问一号”平安，致以节日问候。**中国国家航天局 /CCTV+/ 视觉中国**

潜入深蓝

作为太阳系中已知唯一拥有液态水的星球，我们脚下这颗蔚蓝色的星球其实更应该被称为“水球”，毕竟在地球 5.1 亿平方千米的总面积中，仅有约 29.2% 面积是陆地，剩余 70.8% 的地方则为各种形态的水所覆盖着，并通过大气循环调整着地球每个角落的温度与湿度。而其中辽阔的海洋更拥有着这颗星球最为庞大的生态系统以及最为丰富的自然资源。迄今为止，人类对海洋的认识或许仍只是沧海一粟，但既为“蛟龙”，便不畏深潜。在“奋斗者”的面前从来没有什么瓶颈和极限。今天的中国已然拥有了自己的“深海勇士”，在不远的将来，我们终将见证“龙宫月明光参差，精卫衔石东飞时，鲛人织绡采藕丝”的瑰丽景象。

2012 年 6 月 27 日，“蛟龙”号于北京时间 5 时 29 分顺利下潜入水，开始 7000 米级海试第 5 次下潜。**王文胜 / 人民视觉**

2012 年 6 月 27 日 11 时 47 分，中国“蛟龙”再次刷新“中国深度”——下潜 7062 米。**王文胜 / 视觉中国**

我国建造的最先进的饱和潜水支持船“海龙”号在广州南沙交付。

符超军 / 南方视觉 / 人民视觉

2017 年 10 月 3 日，“深海勇士”号载人深潜试验队在中国南海完成“深海勇士”号载人潜水器的全部海上试验。“深海勇士”号载人潜水器是国家“十二五”863 计划的重大研制任务，由中国船舶重工集团七〇二所牵头，国内 94 家单位共同参与。**张素 / 中新社政文部 / 视觉中国**

2019 年 3 月 10 日，“探索一号”科考船搭载“深海勇士”号载人潜水器靠港三亚。

骆云飞 / 中新社海南分社 / 视觉中国

2021 年 12 月 5 日，“探索一号”TS-21-2 航次顺利返回三亚南山港，航次期间，“奋斗者”号载人潜水器 23 次下潜，圆满完成系列科考任务，并采集了一批珍贵的深渊水体、沉积物、岩石和生物样品。**CCTV+/ 视觉中国**

“奋斗者”号全海深载人潜水器是我国“十三五”国家重点研发计划“深海关键技术与装备”重点专项的核心科研任务，中国船舶重工集团七〇二所牵头负责“奋斗者”号的总体设计和集成建造，中科院深海所作为“奋斗者”号的业主单位负责牵头执行海试任务。2020 年 11 月，“奋斗者”号载人潜水器在西太平洋马里亚纳海沟海域完成全部万米海试任务，并创造了 10909 米的中国载人深潜新纪录。活动现场，中国船舶重工集团七〇二所与中科院深海所签署《全海深载人潜水器“奋斗者”号交付备忘录》，标志着中科院深海所将正式负责“奋斗者”号的后续运维与管理。图为 2021 年 3 月 16 日，中科院深海所的科研人员正在对“奋斗者”号全海深载人潜水器进行检修维护。**武威 / 人民视觉**

从百米浅海到万米深海，中国载人深潜事业劈波斩浪的几十年，我国先后突破了多项核心深潜技术。

1986 年，中国第一艘载人潜水器——7103 救生艇研制成功。虽然它只能下潜 300 米，航速也只有四节，但也是那个年代最先进的救援型载人潜水器。

2010 年 7 月，中国第一台自主设计和集成研制的载人潜水器“蛟龙”号下潜深度达到了 3759 米，中国成为继美、法、俄、日之后，世界上第五个掌握 3500 米大深度载人深潜技术的国家。

2012 年 6 月，“蛟龙”号 7000 米级载人潜水器完成了它的终极挑战，最终将纪录保持在了 7062 米。我国第二代载人潜水器“深海勇士”号，从研制立项到海试交付只用了短短 8 年，且国产化程度更高，实用性更强。

2020 年 2 月，“奋斗者”号全海深载人潜水器按计划完成了总装和陆上联调，3 月开展水池试验。

2020 年 11 月 10 日，“奋斗者”号全海深载人潜水器成功坐底“地球第四极”——西太平洋马里亚纳海沟，深度 10909 米，创下中国载人深潜新的深度纪录。

EG365/ 人民视觉

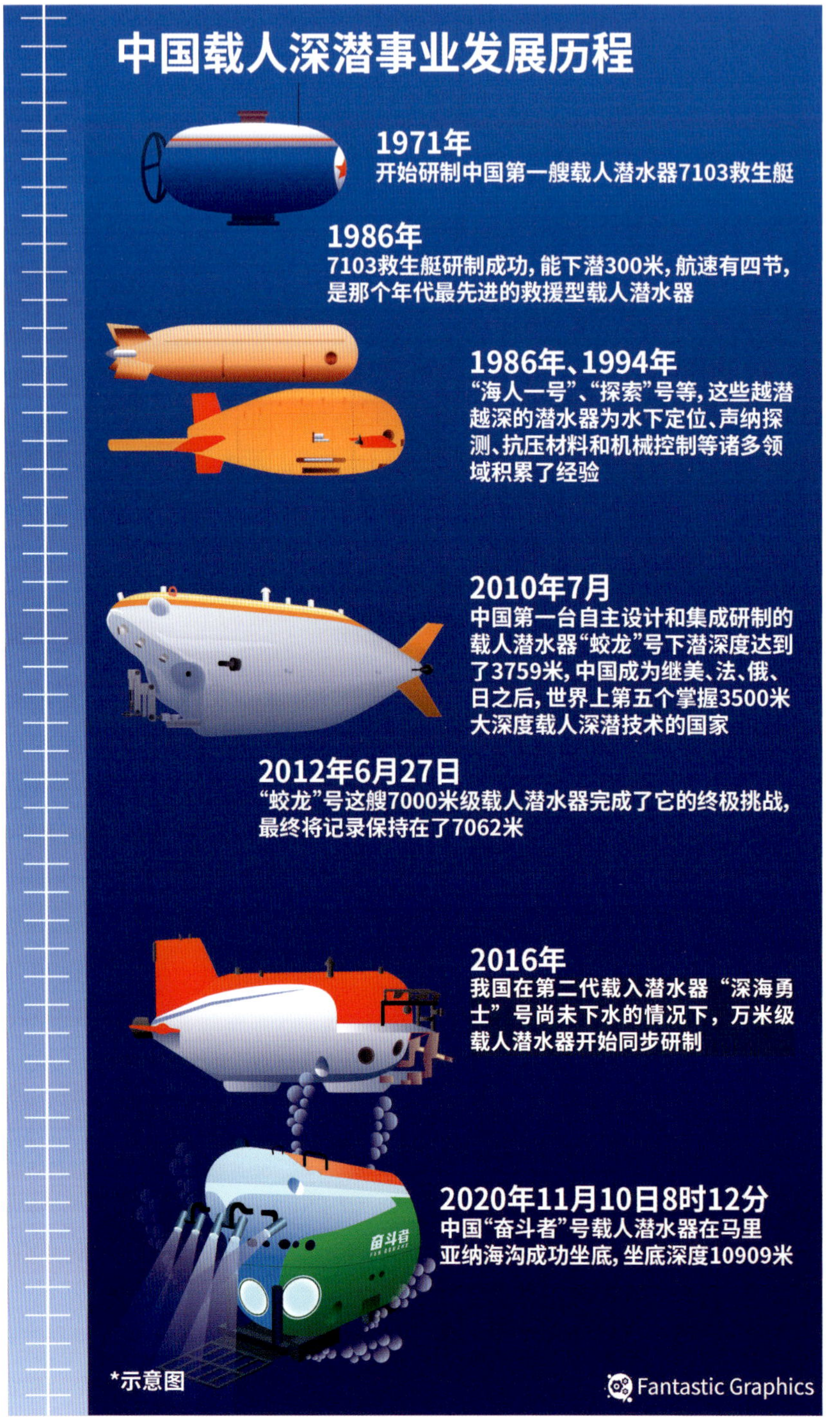

2012 年 6 月 27 日，“蛟龙”号于北京时间 5 时 29 分顺利下潜入水，开始 7000 米级海试第 5 次下潜。经过 3 个多小时的下潜，于北京时间 11 点 47 分到达水下 7062 米的深度。
王文胜 / 人民视觉

非凡之路

Chapter 02

城市空间 交通互连

2021 年 5 月 13 日，香港的城市建筑在长焦镜头的窄视角中层叠错落，千家万户在夜晚点亮灯光。

NurPhoto/ 视觉中国

宇宙中的繁星点点与地球上的人间灯火遥相呼应，就像倒影一样，所不同的是，天上的星光点点虽近却极其遥远，动辄距离以光年计算，而地上的城市灯火，虽远却近，“地球村”的脚步随着全球新冠肺炎疫情的阻隔而面临威胁，而人类却以各种方式变得“更团结”。今年举办的冬奥会就是人类追求团结的标志活动。

在太空看中国，可以清晰地通过光的亮度和密集程度看见城市集中的东部和城市稀少的西部地区，以“胡焕庸线”分割开来，城市、超大城市在生长，进而连成一片，人口的流动和迁徙，经济关联的加强，物流和信息流在光点中交互，似乎城市的呼吸吞吐是在另一个空间时间里复制着互联网中各个地区间的信息交换。他乡即故乡，“土著”与“漂”共同书写对于城市的情感，而那些桥梁公路、隧道渡轮、飞机火车，则给予漂泊的人一个高效的连接方式。游客玩起来，经济火起来，物资流动起来，人才迁徙起来。城市的空间给予人们更多温度、便利，城市和城市带的连接更加高效和便利，便是最期待的结果了。

中国的城市和经济发展速度从公路、铁路、桥梁的建设上可见一斑。2022 年全国公路总里程已经达到了 520 多万千米、铁路里程 15 万千米，中国建造公路、桥梁、隧道的能力在全球首屈一指，很多施工难度极大的工程都被我们完成，无论是冻土层、海底还是穿过高山峡谷，中国的工程师都能建造出高水平的公路、铁路。

根据国家统计局公布的最新城市评级，也就是第七次全国人口普查，我国超大城市 7 个，特大城市 14 个（城区常住人口数量在 1000 万以上的城市为超大城市，500 万以上 1000 万以下的是特大城市）。这些远看就是一个个光点或者一片片光带的城市，其实近了才能发现，这是由人组成的，生活、工作、上学、养家糊口、医疗、内部交通、情感……一个个家庭就隐藏在这一个个光点之中，这些人和家庭演绎着人的存在价值。

城市内部，大家就像商量好了一样，努力体会着感受着生活着，城市的温度慢慢涌现，一条河，一段城墙，一首戏曲，一个广场，一座雕塑，都带着城市的温度和回忆，给那些努力活着的人和享受生活的人同样的平台和空间。就这样，人、城市、城市带、交通互相作用，将技术、人才、经济、资源在这些光带中重新塑造，创造出灿烂的文明。

在世界历史上，曾有太多看似光鲜的大都会最终都因贫富差异、环境污染、文化缺失而沦为一座座被贫民窟和垃圾堆所包围的钢筋森林。而这样的场景一再出现，以至于被西方学者称为“大城市病”。如何打破城市畸形发展的怪圈，中国给出了自己的答案。那便是，“无论是城市规划还是城市建设，无论是新城区建设还是老城区改造，都要坚持以人民为中心，聚焦人民群众的需求，合理安排生产、生活、生态空间，走内涵式、集约型、绿色化的高质量发展路子，努力创造宜业、宜居、宜乐、宜游的良好环境，让人民有更多获得感，为人民创造更加幸福的美好生活。”

1 交通和城市互连

仿佛就在并不遥远的昨天，我们的城市还宛如一颗颗珍珠散落在古老的神州大地之上。可就在短暂的十年之间，越来越多的城市带出现在了中国的经济版图之上。连接它们的不仅仅是一条条城际铁路、运河航线，更有区域经济一体化的强大引力在不断地推动着。

2017 年 6 月 25 日，由中国铁路总公司牵头组织研制、具有完全自主知识产权的中国标准动车组被命名为“复兴号”，有“CR400AF”和“CR400BF”两种型号。按照中国铁路总公司新的动车组编制规则，新型自主化动车组均采用“CR”开头的型号。“CR”是中国铁路总公司英文缩写，也是指覆盖不同速度等级的中国标准动车组系列化产品平台。列车型号中的“400”为速度等级代码，代表这一型动车组试验速度可达 400km/h 及以上，持续运行速度为 350km/h；“A”和“B”为企业标识代码，代表生产厂家；“F”为技术类型代码，代表动力分散型电动车组。

2017 年 6 月 25 日，中国标准动车组被命名为“复兴号”，并于 26 日在京沪高铁正式双向首发。**史家民 / 人民视觉**

图为中国中车股份有限公司旗下青岛四方机车车辆股份有限公司、大连机车车辆股份有限公司、铺镇车辆厂、株洲电力机车有限公司等单位联合设计研发的“绿巨人”——动力集中式CR200J 型复兴号动车组，该车广泛应用于我国的快速和普速铁路。**刘嘉烨 / 视觉中国**

2017 年 1 月 12 日，北京 CBD 地区南侧的北京铁路局北京车辆段东库，工作人员在对等待发车的列车进行整备。**凡宋 / 视觉中国**

2019 年 6 月 13 日，黄昏中的北京大兴国际机场。**陈肖 / 视觉中国**

2018 年 4 月 1 日，居庸关 S2 线火车交会，形成一幅形似“太极”的图案。**秦飞 / 视觉中国**

2013 年 4 月 6 日，四川凉山雅西高速双螺旋隧道。**邹森 / 视觉中国**

甘肃马鬃山镇一带的壁滩上有一种地质奇观，就是大片的黑砾石丘陵和荒漠，被人称为黑戈壁 。20 世纪二三十年代，斯文·赫定等许多欧美探险家都曾来过这里考察。2018 年 8 月 15 日，从马鬃山镇上京新高速向东行驶 60 多千米，就到了内蒙古自治区境内。这段从马鬃山镇到额济纳旗 350 多千米的路程，都是行驶在戈壁滩上，其中有 200 多千米是无人区。**戚振林 / 视觉中国**

塔里木沙漠公路是世界上在流动沙漠中修建的最长的公路。该公路有 4 条，分别是轮台县至民丰县、阿拉尔市至和田市、阿拉尔市至且末县塔中镇、尉犁县至且末县。 这条全长 522 千米的沙漠公路南北贯穿塔克拉玛干大沙漠，北与油田公路及 314 国道相接，南与 315 国道相连，其中沙漠段长 446 千米。1995 年 10 月 4 日，塔里木沙漠公路全线正式通车。**视觉中国**

独库公路，即 217 国道独山子至库车段。独库公路北起克拉玛依市独山子区，纵贯天山南北，南端连接阿克苏地区库车市，全长 561 千米。由于其过半以上地段横亘崇山峻岭、穿越深川峡谷，连接了众多少数民族聚居区，因此被《中国国家地理》评选为“纵贯天山脊梁的景观大道”。1983 年 9 月建成通车，使得南北疆路程由原来的 1000 多千米缩短了近一半，是中国公路建设史上的一座丰碑。为了修建这条公路，数万名官兵奋战 10 年，168 名筑路官兵献出了宝贵的生命。独库公路地形特殊，急弯陡坡较多，有 280 多千米的路段在海拔 2000 米以上，受天山山区冬季降雪、结冰等自然因素影响，一年仅开放 5 个月，每年 9 月底到次年 5 月会实行长达 7 个月的冬季交通管制。2021 年 7 月 4 日，独库公路全线通车。**郝沛 / 摄**

2018 年 5 月 27 日，还未通车的珠海港珠澳大桥。

黄昆震 / 视觉中国

2021 年 7 月 27 日，航拍湖北秭归茅坪镇盘山公路，云雾缭绕，宛若银蛇。**郑家裕 / 视觉中国**

2021 年 5 月 15 日，湖南湘西矮寨景区的特大悬索桥横跨山谷。**张术杰 / 视觉中国**

2021 年 4 月 16 日，航拍贵州安顺晴隆盘山公路二十四道拐。**视觉中国**

（下页图）果子沟大桥是新疆维吾尔自治区境内高速通道，位于果子沟峡谷上，是连云港—霍尔果斯高速公路（国家高速 G30）主要构成部分之一，也是新疆重要民生工程。果子沟大桥于 2006 年 8 月 16 日动工兴建；于 2010 年 8 月 28 日完成主桥合龙工程，大桥全线贯通；于 2011 年 9 月 30 日通车运营。果子沟大桥北起蒙琼库勒，上跨果子沟峡谷，南至将军沟隧道；线路全长 4.4 千米，大桥长 700 米；桥面为双向四车道高速公路，设计速度为 80 千米 / 小时。

飞侠 / 视觉中国

2018 年 1 月 31 日，春运前夕，北京南动车所内，检修过后的复兴号高铁正在被清洗。**万全 / 人民画报 / 视觉中国**

2017年10月1日，如坠云端的恩施“壁挂公路”。“壁挂公路”，位于湖北西南部恩施市新塘乡双河村至木栗园村公路的扯根坡路段，长约4.4千米。这条路由当地村民历尽艰辛在绝壁上开凿而成，远远望去，犹如一条丝带，紧贴绝壁，在山间蜿蜒盘旋，被人们称为“绝壁公路”“壁挂公路”。这条村组公路由7个“Z”字形大拐、13个回头线组成。春夏季云雾缭绕，公路如同缥缈的玉带、舞动的银蛇，在雾中时隐时现。秋冬季雪凌交加，险峻异常，驾车行驶，如坠云端，因此又被人们称为“天路”。**文林／视觉中国**

800 里巍巍太行中，共凿有 7 条挂壁公路，其中工程量最大，历时最长，也最为壮观的，当属锡崖沟挂壁公路。锡崖沟挂壁公路于 2009 年 7 月荣登《中国路谱》典型农村公路榜首，2011 年 9 月入选新中国 60 大地标，2022 年 6 月入选山西三晋十大新发现。**视觉中国**

2021 年 9 月 2 日，广西河池，随着一声爆破声响起，贵南高铁都安隧道最后一层岩土成功爆破，标志全线首座特大型隧道顺利贯通。位于广西都安县境内的都安隧道是贵南高铁全线 6 座超过万米的特大型隧道之一。为提高隧道混凝土衬砌质量，施工单位中铁十一局研发智能化施工装备，创造性地在传统隧道衬砌台车上引入三维激光扫描处理、红外线夜视内窥镜等技术，研发出我国首款集疏通、观察、刻录、信息反馈和储存等功能于一体的智能化隧道衬砌浇筑台车。该设备装有高频振捣仪和 24 个智能探头，不仅有效提高混凝土振捣质量，还实现隧道混凝土施工全过程直观可视，消除传统施工作业中人工监控的局限性，从根本上解决隧道拱顶混凝土因不密实而导致脱空和空洞问题。**徐云华 / 视觉中国**

2022 年 1 月 7 日，重庆市轨道交通 6 号线列车在大桥上行驶，如在云端。**谭祥君 / 视觉中国**

2017年6月4日，航拍雄安新区安新县郭里口村。

LIUQLE/ 视觉中国

（上页图）2021 年 7 月 1 日晚，船舶有序通过湖北宜昌三峡五级船闸。**郑家裕 / 视觉中国**

2020 年 8 月 15 日深夜 23 时左右，河北雄安新区建设工地施工现场。**刘帅冶 / 人民视觉**

北京城建

2 空间与生活方式

我们也曾羡慕过那些属于别人的“新干线”和高楼大厦，也曾憧憬过在冰冷的大都会能够不期而遇那些令人惊艳的风景。终于在这个十年里，我们有了自己独特的城市风貌，有了那些令人流连忘返的“打卡胜地”，更有了一个个富有温度的城市街区。在过去的十年中，我们的城市以肉眼可见的速度发生着日新月异的变化。这种改变不仅仅体现在高度和广度上，更体现在城市风貌和生活方式的改变上。“什么样的生活才是生活？”这个看似无聊的问题，却在很长一段时间内困扰着国人，以至于各种邯郸学步、东施效颦的闹剧一再地重复上演。而直到最近这个十年，我们似乎才逐渐意识到唯有适合自己的才是最好的。科学合理规划城市的生产空间、生活空间、生态空间，处理好城市生产生活和生态环境保护的关系，我们相信中国的城市终能走出一条既提高经济发展质量，又提高人民生活品质的新型发展之路。

2014 年 9 月 29 日早晨，为期两个月的“搭地铁，赏国学”活动在广州塔地铁站内揭开序幕。地铁站里，粤剧演员在为开幕表演登台做最后的准备。

钟锐钧 / 视觉中国

2017年4月15日，人们在西双版纳景洪泼水广场参加泼水狂欢。**段健 / 视觉中国**

2021 年 2 月 12 日，当午夜交正子时，新年钟声敲响，福州市大儒世家小区爆竹声震响天宇。农历大年初一到来，牛年正式开启。**杨婀娜 / 视觉中国**

（下页图）2021 年 4 月 4 日，清明节假期，河南洛阳迎来旅游高峰，洛阳老城区十字街夜市游客众多。**龚明 / 视觉中国**

汉服唐装

2017 年 8 月 16 日，杭州千岛湖捕捞队在千岛湖天然渔场进行了一场传统巨网捕鱼作业，人欢鱼跃。**张继康 / 视觉中国**

2014 年 8 月 13 日，杭州钱塘江下沙七格江边，潮水掀起的巨浪冲上堤坝后扑向观潮者。

陈中秋 / 视觉中国

“95 后”小伙张贤建毕业之后一直从事后端程序员工作，主攻 PHP 语言。最近，他成为一名兼职外卖小哥，每天背着笔记本电脑送外卖。遇到甲方提出临时需求时，他就在小区、公园、马路边打开电脑写代码。现在，张贤建已从互联网公司离职，正在寻找下一份工作。他说：“我肯定还是要做程序员的，因为 PHP 是世界上最好的语言，但是外卖员的工作我也不会丢，因为那是一个特别的人生经历。”**视觉中国**

2020 年一个在卤菜店案板下上网课的小女孩，在媒体和网站上走红，一度成了社会广泛关注的热门话题。2020 年 4 月 3 日，疫情解封之后，湖北省五峰土家族自治县渔洋关镇大房坪农贸市场，温州口福卤菜店复工开业，由于店铺狭窄，店铺老板将女儿安排在店铺案板底下上网课。**文振效 / 人民视觉**

2018 年 8 月 26 日，广东揭阳惠来神泉港开渔节 10 天后，渔船陆续回港。热闹非凡的港口鱼市彻夜交易繁忙。**林树城 / 视觉中国**

2017 年 12 月 6 日，西成高铁正式开通，在成都前往西安的首发车 D4252 次上，除有各种表演外，餐车厨师们也大展身手，推出了四川美食和陕西美食大比拼。另外，他们还首次推出熊猫饭团，让人看得垂涎欲滴。

李勇 / 新城快报 / 视觉中国

2022 年 2 月 15 日，武汉市民喜迎元宵佳节。**Newscom/ 视觉中国**

2018 年 6 月 29 日晚，一阵风雨过后，北京东城区角楼图书馆在城墙上支起投影仪，放起了电影《活着》，20 个家庭的观众在这里边乘凉边看电影。

庞铮铮 / 视觉中国

2021 年 9 月 6 日，重庆观音桥裸眼 3D 巨屏呈现出“海底世界”。

视觉中国

2021 年 9 月 3 日，在北京环球影城哈利·波特的魔法世界主题景区，霍格沃茨城堡的夜间灯光秀震撼上演，令游客大饱眼福。**乔健 / 千龙图像 / 视觉中国**

2018 年 10 月 1 日，国庆黄金周期间，中国标准高速动车组复兴号 CR400BF，在灯光璀璨的永定门城楼前飞速驶过。永定门城楼位于北京中轴线上，在京津城际铁路和京沪铁路旁，是北京的地标性建筑之一。灯光秀以“我爱你中国”为核心元素，辅以国旗图案、天安门、长城等象征中华民族和中国精神的图片，以激光投影映射在永定门城楼城墙之上。**刘嘉烨 / 视觉中国**

3 春运——十亿人的迁徙

很多“10 后”的孩子似乎已经无法理解“春运”对于他们的父辈曾经意味着什么。那是一种煎熬那是一次远征；那是一段漫长而又幸福的旅程；那是一场以时间为夺取对象的战略部署。为了团聚，为了亲情，一年一次的迁徙早已刻入每个中国人的 DNA 里。

每年的春节前后是全国人口流动的大潮。“回家”这个强烈的概念在全体中国人的脑海中产生，对家人的思念和对老家的向往，跨越万水千山。绿皮车的拥挤、高铁的高效快捷、无视风雪的摩托大军……摄影师们也有着各种拍摄春运的角度：X 光片的行李、回家带的礼物、春运的母与子、春运的肖像、不能回家的人、留守儿童的期盼……记者们从各个角度抓住这个人口大潮中的点点滴滴，让我们立体地理解春节和中国人对于家的情感。

2013 年 1 月 27 日，春运的第二天，一名小朋友趴在广州火车站列车窗前望向外面。**视觉中国**

2012 年 1 月 6 日，浙江嘉兴一名执勤的武警帮忙把旅客的小孩送上火车。**储永志 / 浙江日报 / 视觉中国**

2013 年 1 月 26 日，春运第一天，一位旅客在北京站扮成“大熊猫”准备乘坐 T145 次列车前往保定体验春运。她们一行四人，打算从北京始发前往河北沧州，然后返回。有专人记录全过程，以此方式感受春运的特别气氛。
西西 / 视觉中国

2018 年 2 月 10 日 16 时 57 分，深圳开往乌鲁木齐的 Z 230 次列车停靠衡阳站，由知名导演陈可辛执导的短片《三分钟》原型列车员刘钟与儿子丁丁在站台短暂相聚三分钟。紧紧相拥后告别在即，刘钟眼中含泪，她还要上班至 15 日。不过，让刘钟特别开心的是，再过几天她终于可以回家过除夕了，这是 11 年来的第一次。**马强 / 南方都市报 / 视觉中国**

2012 年 2 月 7 日，春运高峰期的成都火车北站，一位大妈手中紧紧捏着返乡的车票。**朱建国 / 视觉中国**

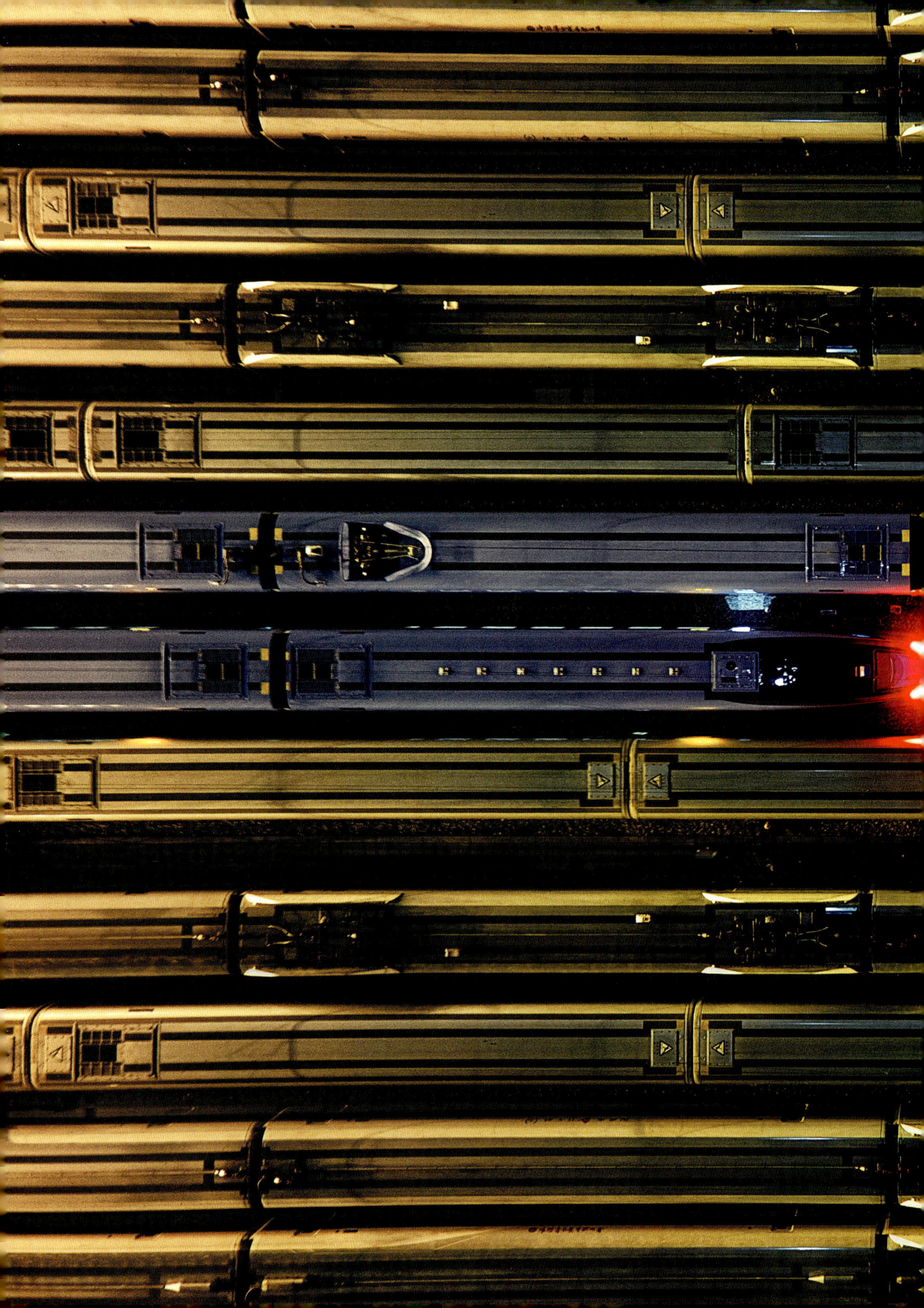

2021 年 1 月 30 日，广州高铁动车组备战春运。**吴云乐 / 视觉中国**

X 光照射下的春运行李传送带。2015 年 2 月 5 日，春运第二天，摄影师突发奇想，
拍摄了深圳银湖汽车站安检机下的春运行囊，展示出春运在 X 光波段下的奇景。

邓飞 / 视觉中国

2013 年 1 月 31 日，在 321 国道肇庆段，两辆返乡过年的摩托车在路上飞驰而过。在 2013 年春运回家大潮中，321 国道上的“摩托车返乡大军”承载起 10 万个家庭回家过年的重托。**成都商报 / 视觉中国**

2017 年 1 月 10 日，北京西站检票口，来自安徽省马鞍山市的贾宏俊扛着一张全家福经过检票口。**王伟伟 / 视觉中国**

2019 年 1 月 18 日，从上海开往阜阳的 K8482 次列车上，来自安徽涡阳的王女士一家三口，上车后就占据着车厢连接处的一个拐角。多年的回家经验，他们特意准备了海绵垫子，铺好被褥，伴随着车轮滚滚，摇晃着进入梦乡。

江雨 / 视觉中国

2018 年 2 月 2 日深夜，动车组检修师在北京动车段南所检修库工作。动车组列车运行 48 小时或者 5000 千米，就会进入动车段进行检修维护，工作人员按照“听、看、闻、巡、联”五字作业法对细节进行检查。这里被形象地称为“动车的 4S 店”。2018 年春运期间，每天有包括数十组“复兴号”在内的 80 组动车组列车在北京动车段南所接受检修，1500 余名工人轮班连夜工作，保障春运安全。**刘关关 / 中新社摄影部 / 视觉中国**

2018 年 2 月 6 日，狗年春节，在上海闯荡的外乡人纷纷踏上返乡之旅。在外打拼了一整年，有钱没钱回家过年，与亲人团聚的心情都很迫切。摄影师来到上海虹桥火车站，拍摄下这些回家过年的人们都给自己的家人带了一些什么礼物。

视觉中国

110
ELEVEN

110

YX04
W51

他们本是春运人潮中不起眼的路人，闪光灯的瞬间照耀，十秒钟的曝光时间，让他们当一回春运“舞台”上的十秒钟主角。

作为“世界上规模最大的周期性人口迁徙”，春运大戏在每年农历年末循环上演。单广东省每年预计运送旅客人次便达 1 亿多。这样的数字，相当于在 40 天内，几乎将整个省的人都搬了出去 (2012 年广东省人口 1.04 亿人)。

在春运主战场之一的广州火车站，偌大的广场被浩浩荡荡的人流填满。人群汇聚，被分流送往各个站台。放眼望去，每个人都微缩成了一个细小的点，随着大队缓缓前行，不辨身份，也看不清表情。

在春运的舞台上，“个人”被放到了最次要的位置。这里没有主角和配角，也无须身份的区别和个性的张扬。在这个争分夺秒的舞台上，人们匆匆地上台，匆匆地离开。但也正是这个熙熙攘攘的舞台，汇集了四面八方的人群，上演着人生百态。为了记录这场票房最高的年度大戏，摄影师用闪光灯和八秒或十秒的曝光，将某个归途中的路人照亮、定格，重拾他们的身份，记住他们的表情。

孙俊彬 / 南方都市报 / 视觉中国

2020 年 2 月 17 日，在位于石家庄市鹿泉区的北京动车段石家庄动车所内，石家庄铁路疾病预防控制所列车消毒组职工“全副武装”为列车消毒。

郑荣玺 / 人民视觉

成渝高铁线经过技术改造，技术装备水平完全具备了按最高时速 350 千米安全运营的条件，达标提速提质。2021 年迎来了成渝开行复兴号之后的首个春运，复兴号的开行，让成渝之间的旅行距离缩短至 1 小时通达，双城生活更加便捷。**吕国应 / 红星新闻 / 视觉中国**

除夕夜是中国家庭团聚的重要日子。吃年夜饭，是家家户户一年中最热闹愉快的时刻。2019 年 2 月 4 日，来不及在除夕夜赶回家的旅客，在春运路上过春节，吃年夜饭。**张志韬 / 南方都市报 / 视觉中国**

非凡

之路

Chapter 03

万物互联 云上中国

2021 年 4 月 25 日，一名小学生在宜昌三峡西陵峡口的江边上网课。

李风 / 人民视觉

“让全世界连接起来”——这是扎克伯格在许多场合中经常冒出来的一句话。但他绝不是第一个涌现如此念头的人，早在 20 世纪中期，万物互联的概念就被提出来了，如今，它已经成为我们这个时代最激动人心的故事之一。

互联网在这二十多年来帮助人们解决了信息共享、交互等诸多问题，它是人和人之间的一种连接方式，是把现实世界慢慢搬移到网络世界的过程。而近十年，在互联网基础之上，人工智能、大数据的勃兴，开启了万物互联时代，人与人、人与设备、设备与设备前所未有地紧密连接在一起。

2020 年，中国移动电话普及率已达 113.9 部 / 百人，人均手机超过一部。人们从没有像现在这样与智能手机须臾不离，通信功能早已不是它的唯一功能，而是可视为物联网的雏形，它如同传感器，精确地记录你的位置、移动方式等，甚至可用于购物、拍摄、导航、阅读、游戏……每时每刻，世界的万千精彩由它来连接、呈现。

木心先生曾写过《从前慢》：“……从前的日色变得慢，车，马，邮件都慢……”然而现在一切都在飞奔。一份外卖从下单到送到手中可能不过 20 分钟，饭菜还冒着热气。这都依赖于快递员手机里的导航系统，精准定位，制订出最优的线路规划，最后快速送达。快递员已经取代了从前的邮递员，他们的身影遍布中国城乡，人们也乐于坐在家中收取来自天南海北的各种物品。物流构建了新的生活方式，也重塑了新的人际关系。作为互联网使用率最高、覆盖率最广的基础能力之一，位置服务逐渐渗透到生活中的方方面面，位置信息成为社会生活中一项不可或缺的关键基础信息。由我国自行研制，具有完全自主知识产权的全球卫星导航系统——北斗导航，将越来越广泛地应用于国民经济和国防建设中，尤其是和物联网的结合，可向用户提供全天候、高精度的即时定位服务。

万物皆可连时，世界近在咫尺。没有人是一座孤岛，在信息的海洋里，人们利用各种平台与设备，如同搭建跳石，协同合作，交换共享，从而抵达新的陆地，进入一个全新的智能时代。

（王砚 / 文）

2020 年 4 月 29 日，江苏扬州高邮市送桥镇一处麻鸭养殖基地，农民通过网络直播销售麻鸭。送桥镇积极引导养殖企业复工复产，转变经营模式，当地麻鸭养殖企业积极与电商平台对接，通过网络直播带货等方式，开展“云端”销售，帮助农民脱贫增收。**孟德龙 / 人民视觉**

2015 年 4 月 15 日，广东佛山顺德限制区内的五个市场每天销售的生鲜鸡的数量在五六百只，且呈逐渐增长的趋势。每只生鲜鸡都有一个可查询追源的二维码，用手机扫描二维码后可看见家禽来源以及屠宰时间等信息。

郑俊彬 / 视觉中国

2020 年 6 月 3 日，浙江温州瑞安市马屿镇霞岙村，小英夫妇在自己家的玉米地前跳舞。**孙凛 / 视觉中国**

2017 年 12 月 13 日，成都一对新人使用共享电动汽车作为婚车。

安源 / 中新社四川分社 / 视觉中国

2022 年 2 月 24 日，自动驾驶汽车行驶在北京市石景山区首钢园内。

范淑梅 / 视觉中国

2021 年 4 月 16 日，全球首条无人驾驶云巴在重庆市璧山区正式开通。

范永根 / 人民视觉

2020 年 2 月 26 日，智能配送机器人在贵阳观山小区内送货，自动避让行人。

瞿宏伦 / 中新社贵州分社

2020 年 3 月 16 日，山西省太原市武宿国际机场落客区通道内人脸识别测温设备上线运行。机场管理部门为了进一步方便旅客通行，缩短滞留时间，将具备高速人脸追踪温度检测识别设备部署在必经通道内，严控疫情。

胡远嘉 / 人民视觉

2017 年 8 月 28 日，苏宁全国首家“无人店”在江苏省南京市正式营业。消费者进入店内后，系统通过人脸识别用户身份，购买商品以后，消费者无须排队付款，出店时通过付款通道，中途也无须停顿，系统即可自动识别用户身份，随后通过苏宁金融实现交易付款。

苏阳 / 视觉中国

2017 年 5 月 26 日，在上海浦东新区杨高中路正大生活广场，一个灰色的“立方体”亮了。原来，这正是风传已久的“共享洗衣机”，由于自带烘干服务，又能洗大件衣物，吸引了不少市民驻足研究。“共享洗衣机”亭内，有标注 8kg、18kg 两种容量的洗衣机各一台，还有一台容量为 18kg 的烘干机。据了解，出于对机器运作以及卫生安全等的顾虑，勇于“尝鲜”的市民并不多。倒是有不少市民，将重量大、体积大且不易清洗的窗帘、被单等物品拿来洗涤烘干。

沈春琛 / 视觉中国

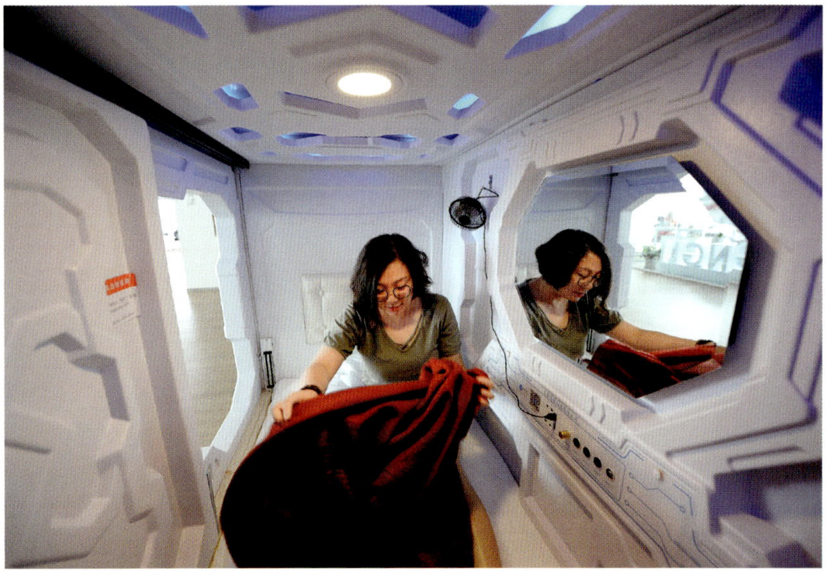

2017 年 7 月 14 日，一家名为“享睡空间”的共享睡舱亮相成都，使用者可以“扫码入住”，按分钟计费，半小时最低收费 6 元。

王效 / 成都商报 / 视觉中国

2021 年 9 月 6 日，南京师范大学附属中学新城初级中学黄山路分校，英语老师张慧在学生的座位上调试电脑和耳机，为网课做准备。虽然受新冠肺炎疫情影响，不少中小学暂缓开学，但学校通过“云家访”、“云课堂”、线上班会等形式，制定了具体的教学和管理方案，同时指导学生坚持在家锻炼、合理分担家务，迎接新学期到来。**泱波 / 中新社江苏分社**

2018 年 3 月 14 日，湖南省湘西土家族苗族自治州，吉首大学师范学院附属小学的同学们在 VR 教室体验全息影像。**彭彪 / 视觉中国**

2016 年 9 月 26 日，在依山傍水的四川阿坝州某水电站，蓝色彩钢板搭建的机房里，550 台矿机昼夜轰鸣。随着国家禁止“挖矿”政策及法规的颁布，这一场景已不复存在。**刘行喆 / 视觉中国**

luckin coffee

2018 年 9 月 17 日，世界人工智能大会在上海开幕。大会在西岸油罐艺术公园内设立了 AI Park 人工智能公园，共设计了“AI+ 金融、AI+ 智造、AI+ 教育、AI+ 交通、AI+ 健康、AI+ 零售、AI+ 服务”七大主题展览，与会者在这里可以体验当下和未来最前沿的人工智能生活。图为工作人员在“AI+ 交通”展区展示无人机送货过程。

汤彦俊 / 中新社上海分社 / 视觉中国

2022 年 2 月 10 日，北京市民在海淀区当代商城前驻足观看 8K 超高清冬奥直播。此次北京冬奥会采用 8K 技术对赛事进行转播，联动城市公共空间 8K 超高清大屏和示范社区 8K 电视机，首次实现不同场景下的跨屏融合传播。**视觉中国**

2020 年 4 月 9 日晚上 8 点半，网红主播卡卡在广州万佳服装批发市场档口直播间对着上百台手机进行新款连衣裙推荐，五六十名戴着口罩的小主播则围在两旁拍视频。**人民视觉**

WHEN
THE
WORLD
STOPS
WHAT TO KNOW
AND DO ABOUT
THE GLOBAL
PANDEMIC
BEIJING
Gao Zhixiao, 32,
a delivery driver
who has continued
working as the virus
spread across China
美团外卖
美团外卖

2020 年 4 月 21 日，快递员高治晓展示他作为封面人物的美国《时代》周刊杂志。32 岁的高治晓是美团的外卖骑手。他怎么也想不到，送外卖也能成为网络“名人”。2020 年 3 月 19 日，美国《时代》周刊发布抗疫群像，外卖骑手高治晓因为“非凡的使命感”登上杂志封面。上一次登上《时代》周刊封面的中国人是百度公司的创始人李彦宏。《时代》周刊这样写道：“如果没有这群在危险中挺身而出的外卖骑手，很多家庭会挨饿，病人也无法得到赖以生存的物资供给。”**栗世民 / 人民视觉**

非凡之路

Chapter 04

美丽乡村 全面小康

2017 年 11 月 8 日，广东湛江硇洲法庭的三位办案人员乘坐小舟前往渔船开庭。

张梓望 / 人民视觉

几乎每个人对乡村都有一份深沉的热爱，究其原因，不仅仅是因为它身处大自然的怀抱，比城市要更早、更准确地感受季节更替变换，也不仅仅是它藏纳悠久丰富的农耕文明，许多日渐式微的传统还能在它那里找到依稀旧痕，更重要的，它是无数人的故乡。这意味着，它承载了无数个体和集体的记忆，年深月久，最终成为乡愁的安放处。

1931 年，我国现代著名的教育家、思想家、文化哲学创始人梁漱溟先生在山东一个叫邹平的小村庄开始筹建山东乡村建设研究院，着手在农村建设各种组织，包括学校、合作社等。几年后，他出版了著作《乡村建设理论》，提出："……中国文化的根本就是乡村。中国国家之新生命，必于农村求之。今后中国人向上兴奋的新方向是什么？老实不客气地说：就是我们的乡村建设运动。"——这是那个时代的先声。此后，平民教育家、乡村建设家晏阳初先生也以自身的实践行动，验证中国乡土的可塑性。

如今，探索和践行依旧，新农村已悄然蝶变，乡村振兴恰逢其时。漫步在中国大大小小的乡村，你能感觉到，"美好乡村""森林村庄""生态乡村"等如雨后春笋般冒出，以清新质朴又不失个性的风貌吸引四方来客；许多乡村以科学审慎的态度合理布局，确定特色产业，宜粮则粮，宜果则果，宜菜则菜，宜养则养，造就了各自不同的特色农产品，逐步增产增收后，经济活跃了，离乡在外的人们也陆续回归家庭，成为家乡建设的主力军。在专家的指导下，他们掌握了新的农业科学技术，从过去的"会"种地，跃升为"慧"种地，无人机飞防、物联网智控、大数据服务……新型智慧农业正在深耕这片广袤田野，激发出无穷活力。

我们的文明是在农民们日出而作，日落而息，等待麦子抽穗稻子成熟的过程中，一千年一千年积攒下来的，那些最朴素的情怀、最妥帖的人情世故以及规矩方圆，全部蕴含于乡土中国。而新的田园牧歌，则唤醒了人们内心深处蛰伏已久的骄傲和希望，田野上正前所未有地铺陈着瑰丽的想象和巨大的创造力。

2015 年 1 月 5 日，四川省广元市朝天区麻柳乡石牌村，大山里的冬天很冷，孩子们全靠教室里的这个火炉取暖。**朱建国 / 视觉中国**

2021 年 2 月 1 日，湖北宜昌秭归县屈原镇链子岩村村民在转运刚收获的脐橙。近年来，秭归县积极推广脐橙无公害种植，发展电商销售，成为三峡移民脱贫增收重要的收入来源。**视觉中国**

图为云南漾濞县的三兄妹孙关雄（15 岁）、孙关飞（11 岁）、孙关燕（9 岁）。
他们的爸爸在西双版纳打工，妈妈在附近的县城打散工，他们自己在家生活。
翁洹 / 南方周末 / 人民视觉

2018 年 1 月 8 日，湖南湘西，因为冻雨路滑，隆九金老师护送孩子们回家，把年龄小的孩子背在身上过河。作为岔河村唯一的小学里的唯一一名老师，45 岁的隆老师已经代课了整整 27 年。隆老师 17 岁那年，因为找不到愿意来任教的外村老师，村支书和村长找到家里，希望他能够留下来接替退休教师上课。原本想去浙江打工补贴家里的隆九金，最终决定留下来，只为不让孩了们失学。为了不让贫困的家乡也成为教育的荒地，他靠着这个想法支撑了 27 年。

周馨 / 视觉中国

2019 年 2 月 25 日，贵州省威宁县海拉镇花果村大石头组，刘桂仙从对岸山上溜索过江回家。这里环境艰险，周围是峭壁，面临大峡谷，一直未通公路。2019 年 4 月 28 日，全村 29 户未搬迁户已经全部易地搬迁至安置点，19 名中小学生就近入学，开始了新的生活。

陈杰 / 视觉中国

图为 2008 年 3 月 12 日在丽江华坪任教的张桂梅。张桂梅把全部身心投入到边疆民族地区教育事业和儿童福利事业，创办了全国第一所全免费女子高中，是华坪儿童之家 130 多个孤儿的“妈妈”。她坚持用红色文化引领教育，培养学生不畏艰辛、吃苦耐劳的品格，引导学生铭记党恩、回报社会。

杨峥 / 人民视觉

2015 年 1 月 5 日下午 4 点，广元市朝天区麻柳乡石牌村小学，放学的孩子们收拾好书包，搓搓冻得通红的小手，对着嘴巴大口哈气，一个一个地站在校门口，等着爷爷奶奶们的到来。每到这时，班主任兼校长李雪梅总是站在一旁，数着孩子一个个被接走，然后说：“36 个一个都不少。”李雪梅刚做完月子，就迫不及待地回到村小为孩子们上课。“这 36 个孩子没我不行，我牵挂他们比牵挂我孩子的时候还多。”“如果我也走了，不晓得哪个还愿意来教这些娃娃？”这个 1992 年出生的女子，有点纠结，也有点犯愁。图为大山里领着学生的李雪梅老师。**朱建国 / 视觉中国**

2016 年 9 月 2 日，贵州省黎平县高屯街道上少寨，几位村民走过架在八舟河上的红军桥。这座木桥是 1934 年 12 月红军长征经过这里时与当地乡亲共同搭建的。**王婷舒 / 摄**

2015年中国传统龙舟大赛将于6月19日至20日在贵州铜仁市碧江区举行，铜仁市松桃县蓼皋镇落塘村村民自筹资金2.4万元，通过农村淘宝服务网点网购龙舟，喜迎端午节的到来。2015年6月2日，一辆搭载15米长龙舟的物流配送车不远千里从广州来到铜仁市，通过菜鸟网络数据对接，由第二段物流菜鸟的合作伙伴运送到落塘村，全村男女老幼齐出动，敲锣打鼓，欢天喜地迎龙舟，20多名壮汉扛起重达600斤的玻璃钢龙舟一步不停翻山越岭抬到村里。

魏志阳 / 视觉中国

出生于 1975 年的杨山是广东化州人，在农村长大的他大学毕业后曾在广州打拼，当过广告公司文案策划、房地产代理公司策划总监。杨山说，当年决定辞掉工作，一是厌倦了城市的高压生活，想回归田园生活；二是由于大女儿在 2009 年时突然患病行动不便，于是一家人在次年搬至长洲岛生活，希望大女儿能在大自然中康复。他倡导“长洲慢岛计划”，帮助外来志同道合者在长洲安居，因而被长洲年轻人称为“岛主”。每天种菜抓鸡摸鱼的杨山在公益圈里还有个外号叫“杨桃哥”——他曾在微博上发起对当地果农邵婆婆的帮助，卖掉了滞销的两吨杨桃。图为 2018 年 5 月 5 日傍晚时分，杨山与放学归来的两个女儿在农场喂羊。8 年的长洲岛生活对于这一家子来说平淡而又开心。

谭伟山 / 南方都市报 / 视觉中国

2020 年 5 月 10 日早上，四川凉山州昭觉县易地扶贫搬迁安置点迎来首批住户。安置点位于昭觉县城附近的城北乡谷都村、城北乡普提村等村，是全省规模最大的易地扶贫搬迁安置点，可安置 3900 余户 18000 余人。搬迁群众来自全县 28 个乡镇、92 个边远山村，计划用 5 天左右时间全部搬迁入住。**人民视觉**

2020 年 10 月 13 日，福建南平邵武市沿山镇里居村，农民“网红”李华驾驶着自己改装的四轮车。李华和儿子李康与时俱进，巧借短视频的东风，将农村的故事，拍成人们喜闻乐见的短视频，成了远近闻名的乡村“网红”，如今他们坐拥 200 多万粉丝，轻轻松松月入万元。“我的农村生活也挺有趣的，不如带城市里的人来看看我们的生活。”2015 年，李康拿起手机拍摄了第一条乡野生活短视频，记录他自己到山里摘野果的经过，慢慢积累了一些粉丝，也为他带来了一些收入。**人民视觉**

2021 年 7 月 23 日，5 名“90 后”大学生放弃大城市的发展机会，回到家乡广州市增城区石滩镇石湖村加入石乡农机合作社，成为年轻一代新农人。对大部分大学毕业生来说，结束学业后留在城市发展是“理所应当”的选择。但石湖村的这 5 名“90 后”却义无反顾，回到农村，加入乡村振兴大潮中。在 5 名“90 后”的帮助之下，增城石乡农机专业合作社的面貌焕然一新，工作效率和社内氛围都得到了提升。**南方视觉 / 视觉中国**

adidas

2020 年 9 月 16 日，四川阿坝的门基一家曾经住在更高处的山顶，而眼前这幢供 8 口人生活的藏式小楼，由政府补贴了 10.5 万元，他们只花了一两千块钱。笑意绽放在一个个脱贫的家庭中。“壤塘”在藏语中，意为“财神的坝子”。如今，壤塘县农村基础条件显著改善，公路通车，饮水安全、用电、广播电视以及住房，得到了全方位升级，可谓“旧面貌”焕发出“新容颜”。在修卡村，申洋锻炼出了一身本领，成为村民可依赖的亲人。正是这些绞尽脑汁的付出，压实了一个脱贫村的“幸福路”。

潘松刚 / 视觉中国

传统手艺都面临着手艺失传的窘境，余杭纸伞也一样。“90 后”男孩刘伟学大学毕业后，于 2015 年放弃了在杭州的高薪设计工作，回到家乡余杭塘埠村开了一家网店，只为能传承爷爷的油纸伞非遗手艺。劈篾制骨，裱伞面，绷花线，上绘花，刷桐油……一把纸伞，从制作到交付，一般需要 7 天到半个月，一年的产量在 1000 把到 1500 把，是普通造伞厂的万分之一。在中国，73% 以上的非遗项目保存在传统乡村，淘宝上非遗类活跃手工艺店铺超 25000 家。这几年里，刘伟学和一群年近花甲的老师傅在小山坳里琢磨着他们的“纸伞王国”。他认为老底子的东西不是“暮气沉沉”的，也可以很时尚，他将传统工艺和潮流设计理念相结合，对纸伞进行改进再上架，粉丝也从 1000 涨到 80000。刘伟学让“余杭纸伞”重新活了过来，在年轻人中彻底出圈。有买家留言感谢他圆了自己的武侠梦，也有人把纸伞当婚伞一直珍藏，更有人拿起汉服晴雨伞出街。他意识到自己做的不只是功能性的产品，更是情感的承载物。刘伟学说，他希望自己不只是一个卖伞的，而是要把纸伞手艺一代一代地传承下去。**许康平 / 视觉中国**

2021 年 9 月 24 日，重庆大足拾万镇五彩田园的巨型水稻迎来丰收。大足区今年试种了 15 亩“巨型稻”，4 月育苗，5 月下旬插秧，今日收割。“巨型稻”株型高大，集散适中，叶挺色深，光合效率高，平均有效分蘖达 40 个。“我们还很认真地数过，一株巨型水稻含稻穗最低就有 360 粒，而普通的水稻只有 250 粒。”国家杂交水稻工程技术研究中心重庆分中心副主任陈杨朴介绍。据估计，巨型水稻平均亩产干谷约 1000 斤。袁隆平院士的“禾下乘凉梦”广为人知，今天巨型水稻的丰收让“禾下乘凉”不再是梦。**冉文 / 视觉中国**

成昆线上攀枝花市开往凉山彝族自治州越西县普雄镇的 5634 次列车，20 余年坚持票价不变，最低票价仅 2 元。沿途 25 个站点，逢站必停；车厢里除了乘客，还经常载有家禽牲畜，以及蔬菜水果、农用物资等；此列车被喻为大凉山孩子们的校车，彝族同胞的赶集车，民族团结进步的连心车、扶贫车、致富车。

刘国兴 / 视觉中国

2021 年 8 月 11 日，开通多年的乐山开往凉山州的 5619 次慢火车，为方便旅客出行，首发站由原来的燕岗站改为峨眉站，列车运行近 10 个小时，安全到达普雄站。这趟列车穿行在大凉山腹地的崇山峻岭之间，近半个世纪风雨无阻接送彝族同胞。**刘国兴 / 视觉中国**

2014 年 4 月 15 日，在安徽省亳州市涡阳县高炉镇陆杨村小麦高产攻关万亩示范片，操作人员正在遥控无人直升机喷洒农药。当日，有三架遥控无人直升机一起为田间小麦喷药防病防虫。无人直升机不需要使用任何跑道，可以在田间和地头起降，装有半自动驾驶仪和 GPS 卫星定位系统，大大降低了操作难度和风险，同时可以提高效率和雾化程度，使喷洒均匀。该无人直升机自重四十多斤，能承载近十斤重的药剂，使用汽油做动力燃料，每次起飞可持续飞行八至九分钟，喷洒面积可达二十亩，平均每分钟喷洒两亩地。**张延林 / 视觉中国**

2020 年 8 月 10 日，广东省湛江市徐闻县“菠萝的海”种植基地。**视觉中国**

2018 年 8 月 23 日是农历二十四节气“处暑”，贵州省从江县往洞镇增冲侗寨村民趁晴好天气，忙碌“晒秋”。村民将秋季收获来的红辣椒在寨子中间晒坝上进行晾晒，从空中俯瞰，红红火火的辣椒与百年鼓楼、侗家吊脚楼、风雨桥构成一幅美丽的丰收图画。**吴德军 / 视觉中国**

近年来，山西省大同市天镇县借助丰富的太阳能资源，大力推进光伏扶贫。位于山西省大同市天镇县谷前堡镇的晋能公司 40 兆瓦光伏扶贫电站项目，总投资 3.5 亿元，占地 1104 亩，惠及天镇县 102 个村的 1400 户建档立卡贫困户，人均每年增收超过 3000 元。**武勇 / 视觉中国**

悬崖村的变迁

大凉山腹地，绝壁千仞。在四川昭觉县阿土列尔村，山间的缓坡上种着玉米和黄豆，林地里是成片的花椒和核桃，猕猴攀枝跳跃，画眉啼声婉转，仿佛一个世外桃源。“悬崖村”地处大凉山系南段狮子山下的美姑河大峡谷区域，在当地调研过的横断山研究会首席科学家杨勇表示，这里的大峡谷堪称世界级的景观，除了密集的谷中谷形态的峡谷群，悬崖村的天梯是现代社会中人类在险恶环境里生存的“活化石”，是人们体验的“活标本”。

下山要爬 17 段危险的藤梯，买包盐就要耗去大半天。山上的收成在山下卖不出好价钱，因为大家都知道，卖不完的东西不会再背回去。

2016 年春天，15 个孩子在 3 位家长的护送下从山下的勒尔小学出发，走崖壁，爬藤梯，踏上回家的路。这一幕被记者陈杰拍了下来。报道刊发后，“悬崖村”的名字不胫而走，牵动着亿万中国人的心。

当地发改部门测算发现，修路耗资需要 4000 万元以上，而当时村庄所在的昭觉县全年财政收入只有 6000 万元。合理的方案就是架上钢铁“天梯”。它由 6000 多根钢管制造，有 2556 级，造价 100 万元。加了扶手，更加安全，让上山的时间减少了 1 个小时。2022 年四川省民政厅厅长益西达瓦欣喜地展示了“悬崖村”新旧“天梯”对比照片。

新天梯架好后 4 个月，村里就嫁进来 6 个外村的新娘。人们终于敢把冰箱、洗衣机背上山。有了通信基站，开通了无人机邮路，开始种脐橙、栽油橄榄、养蜜蜂……

用上智能手机的年轻人开始在社交媒体上直播带货，曾经奋力想挣脱悬崖的村民某色拉博因为在钢梯上展示出矫健身姿成了“网红”。当地政府成立了旅游公司，建起了集装箱酒店和“天空营地”，“自带流量”的某色拉博当起了酒店管理员和导游。

2020 年 5 月，通过易地扶贫搬迁，村里 84 户建档立卡贫困户搬进了 65 千米外的新居。

南北通透、背山面水、紧邻繁华，这是曾经悬崖上的许多代人一直梦想的生活环境。便民服务中心、老年人日间照料中心、“4 点半课堂”、超市，设施样样齐全。当地政府还在安置点建了彝绣工坊，搞起厨师培训，办起服装厂、电子厂和塑钢厂。

2020 年 11 月 17 日，四川省人民政府批准凉山州昭觉县、布拖县、美姑县等 7 个县退出贫困县序列。至此，被称为“中国最贫困角落”之一的大凉山整体摆脱贫困。

2016 年 5 月 14 日，四川凉山的 15 个孩子在 3 个家长的保护下，大约用了 2 个小时，到达“悬崖村”。**陈杰 / 新京报 / 人民视觉**

放学路上，孩子们在攀爬藤梯。**陈杰 / 新京报 / 人民视觉**

孩子们累了，坐靠在崖壁上休息片刻。**陈杰 / 新京报 / 人民视觉**

上学的孩子都背着沉重的书包。**陈杰 / 新京报 / 人民视觉**

新闻媒体上频频出现一个名叫“悬崖村”的小山村，从默默无闻到举国关注，峭壁上那些攀爬藤梯上学的孩子成为全国人民的牵挂……2017 年 6 月 16 日，43 岁的新京报摄影记者陈杰再次来到四川凉山彝族自治州昭觉县支尔莫乡阿土列尔村，这是他第 6 次到“悬崖村”采访。**程雪力 / 人民视觉**

由于多次到“悬崖村”采访，陈杰和这里的村民结下深厚友谊，村民们都亲切地称呼他为陈老师。途中休息时，陈杰拍摄远方山景，一只调皮的小羊攀在陈杰身上，舔他耳后浸出的汗水。**程雪力 / 人民视觉**

除了生活设施上的完善，更重要的改变是“悬崖村”的下一代有了更好的教育环境。列尔小学 2016 年 9 月开始实行全寄宿制，为了便于孩子们日常和家人联系，中国电信为学校安装了 3 部电话，并给每个孩子发放了 IC 卡，卡里每月预存 60 分钟的免费通话时间。每个班级还安装了视频连线系统，孩子们可以通过视频与山上的家人或者在外地打工的父母视频通话。**程雪力 / 人民视觉**

非凡之路

Chapter 05

文化强国 民族自信

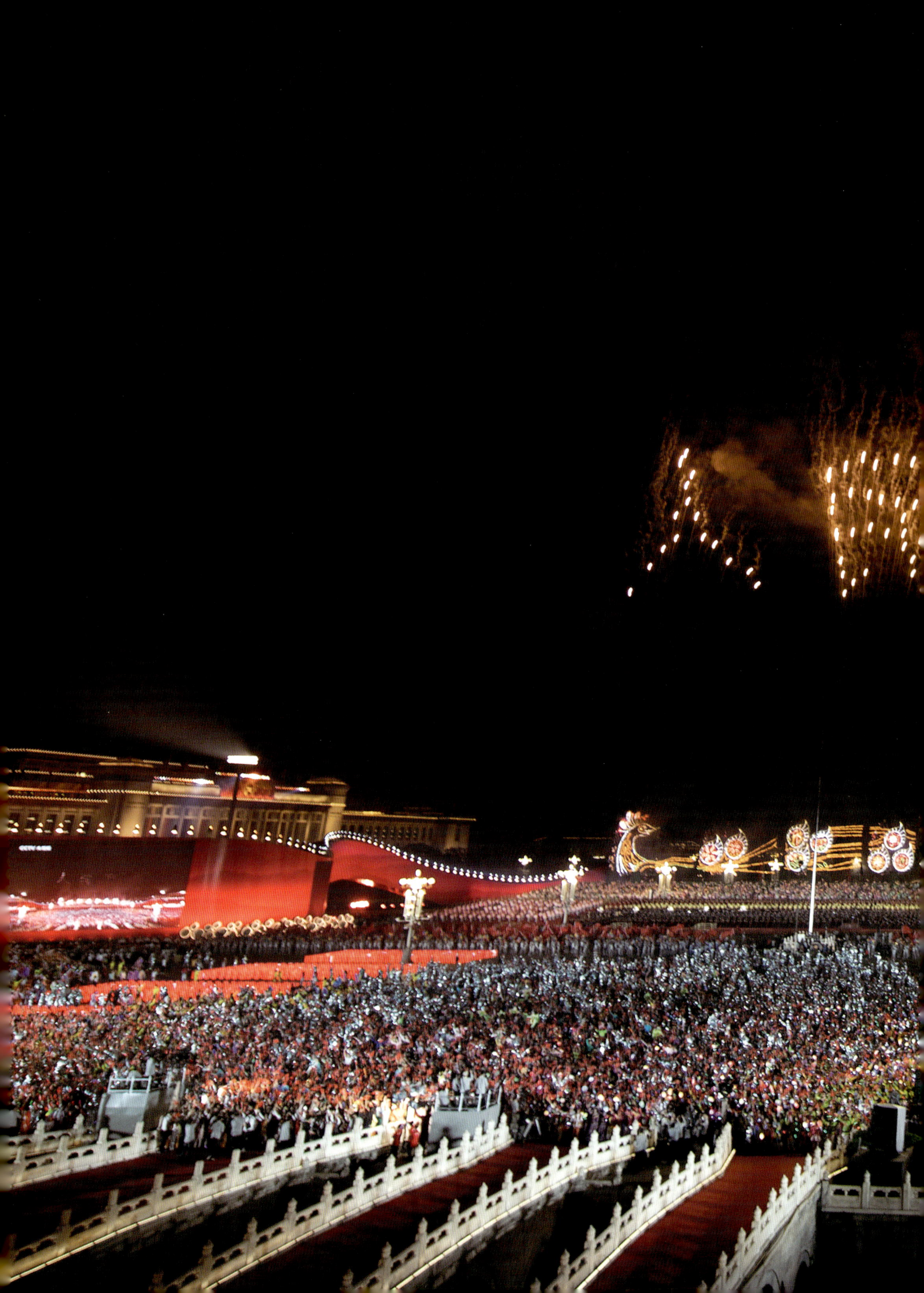

2019 年 10 月 1 日晚，庆祝中华人民共和国成立 70 周年联欢活动在北京天安门广场盛大举行。

李舸 / 摄

HAPPY CHINE

2022 年 2 月 4 日，2022 年北京冬季奥运会开幕式在北京国家体育场举行。Kyodo News/ 视觉中国

有着五千年历史的中华民族，曾是世界万方敬仰的文化中心。在强盛的汉、唐时代，我们曾无私向东亚邻邦乃至世界展现过自身通过包容开放所取得的那些文化成果。通过陆路和海上的丝绸之路，无数国家和民族曾接受过中华文明的滋养，更争相效仿东方那些更为健康和美好的生活方式。

然而，封建社会的闭关锁国最终令中华文明逐渐落后于世界，中华民族曾一度失去了原有的自信。无论是抱残守缺的崇古贬近，还是邯郸学步的全盘西化，最终都被证明是一条走不出去的死胡同。而随着中华民族复兴的步伐，我们终于找到了一条属于自己的文化强国之路。

古老的传说虽然璀璨，却终究只能代表过去。要想在当今世界获得更多的共情和共鸣，我们更要善于讲好当下的中国故事。在过去的十年里，中国电影涌现出了越来越多如《长津湖》《流浪地球》等口碑好、票房高的佳作。乘着“文化出海”的巨舰，《王者荣耀》《原神》等国产游戏更令全世界感到惊艳。

我们为古老的故宫装点上灯光，将良渚文化的图案重现于麦田。通过互联网，中国美景、美食、“非遗”技艺收获了亿万外国粉丝。而更令人惊叹的，则是当下的中国人所展现出的文化自信。“文化自信是一个国家、一个民族发展中最基本、最深沉、最持久的力量。向上向善的文化是一个国家、一个民族休戚与共、血脉相连的重要纽带。”

2016 年 1 月 15 日，南昌西汉海昏侯墓 1 号墓主棺柩已套取完毕，为一天以后的开棺做好准备。**视觉中国**

“彭山江口沉银遗址”经过 2016 年至 2018 年两期科学的水下考古发掘，取得了重大突破和重要成果，对研究明代的政治制度、社会经济和物质文化乃至明末清初的社会历史走向都具有重要意义。本次发掘不仅是中国考古界首次在内水区域采用围堰技术发掘，还运用了大量当代科技手段探测，是我国水下考古发展史中重要的实践。第一阶段考古发掘工作于 2017 年 4 月 12 日结束。已发掘 2 万余平方米，出水文物 3 万余件，其中“金册银册数以十计，金币银币数以百计，金器数以千计，银器数以万计”，实证确认了“张献忠江口沉银”传说。2018 年 4 月 20 日，2017—2018 年度水下考古取得重大成果：首次出水明代蜀王金宝。据明史记载，皇子封亲王，授金册金宝，世子承袭王位，止授金册，传用金宝，也就是说每个藩王府只有唯一一枚金宝。

张磊 / 华西都市报 / 视觉中国

2021 年 8 月 23 日，从空中俯瞰世界遗产杭州良渚古城遗址内的稻田上展现出的彩稻画“神人兽面纹玉琮”图案。当时正值处暑节气，在世界遗产杭州良渚古城遗址内的稻田上，利用彩色水稻“种出”的“神人兽面纹玉琮”、“展翅玉鸟”和“高节琮”等良渚文化图腾形成的彩稻画，颇受市民和游客关注。这些彩稻画形成的良渚文化图腾图案也象征着稻作文明与良渚玉器的完美结合。**龙巍 / 视觉中国**

2021 年 6 月 12 日，四川广汉，三星堆博物馆以祭祀坑出土的青铜面具为原型打造的冰淇淋。**安源 / 中新社四川分社 / 视觉中国**

2020 年 3 月上旬，在对三星堆遗址的考古勘探过程中，四川省文物考古研究院先后发现并确认了 6 座新的祭祀坑，让三星堆再次举世瞩目。为实施“考古中国”和“古蜀文明保护传承工程”两项国家重大文化工程，四川省文物考古研究院联合北京大学等国内 33 家单位，于 2020 年 10 月启动对三星堆遗址祭祀区的新一轮主动性发掘项目。

2021 年 3 月 20 日，在成都举行的“考古中国”重大项目工作进展会通报，考古工作者在三星堆遗址新发现 6 座三星堆文化祭祀坑，现已出土许多重要文物。图为 2021 年 3 月 20 日，考古人员正在四川德阳三星堆遗址考古发掘现场的 3 号祭祀坑内工作。**视觉中国**

2021 年 6 月 5 日，四川成都金沙遗址博物馆展出的金面具。**视觉中国**

2021 年 9 月 8 日，三星堆发掘出体形最大“神兽”和最高顶尊“杂技人”。图为 8 号坑内发掘的“人兽层叠神坛”（描述名，非正式名）上面的青铜人面像。

王红强 / 红星新闻 / 视觉中国

2020 年 6 月 10 日，秦始皇帝陵博物院兵马俑博物馆一号坑对外开放修复室。
图为工作人员正在进行文物修复工作。**张杰 / 华商报 / 视觉中国**

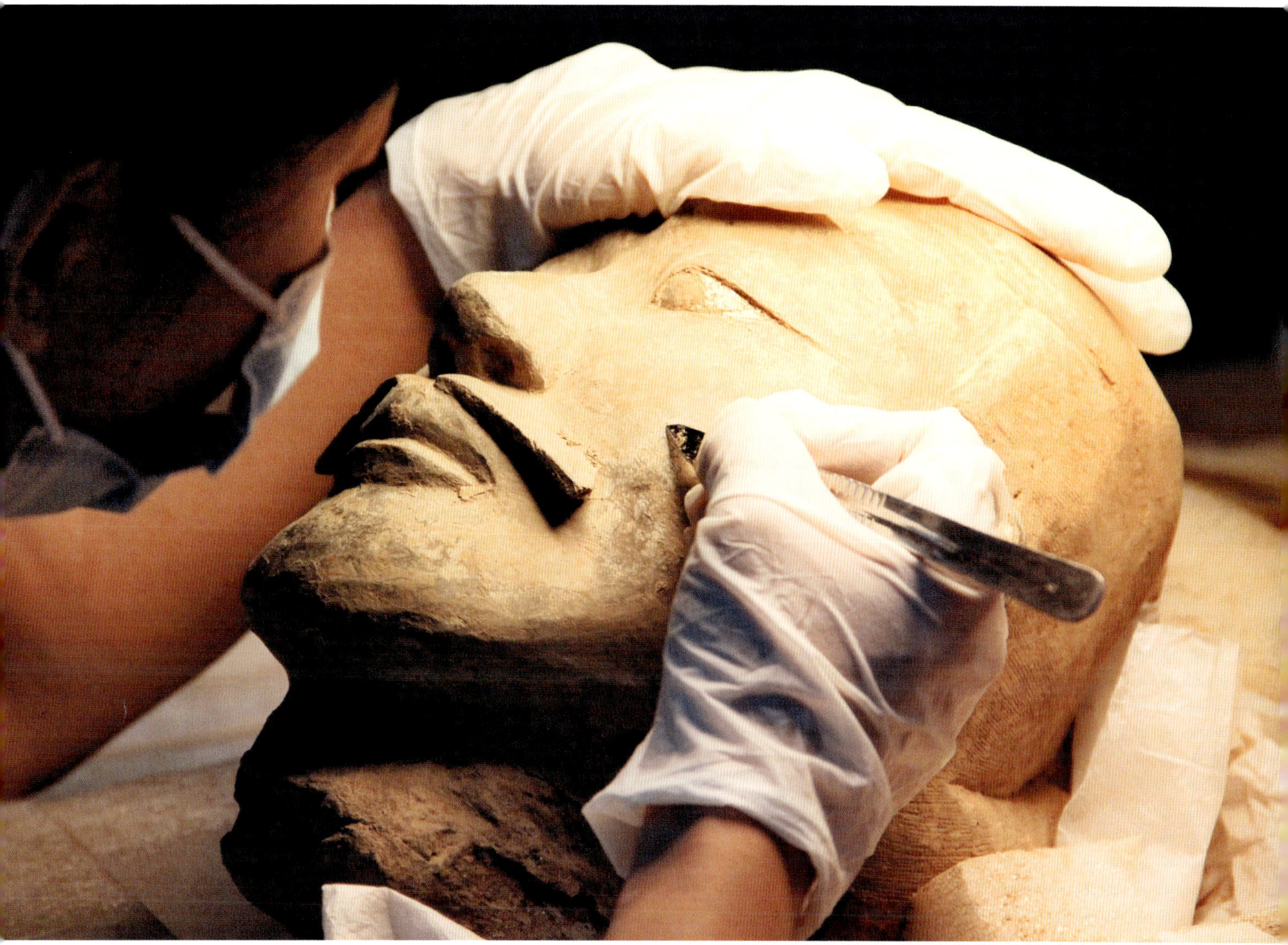

2021 年 7 月 28 日，在位于陕西省西安市临潼区的秦始皇帝陵博物院内，工作人员正在修复兵马俑。“这里是‘兵马俑专科医院’，我们修复文物就如同治病救人。”秦始皇帝陵博物院文物修复专家兰德省说。在他看来，兵马俑如同人的化身，而作为兵马俑修复专家，他的职业与医生有异曲同工之处。

张一辰 / 中新社陕西分社 / 视觉中国

上新了故宫

2019 年 2 月 18 日，农历正月十四，故宫博物院神武门、东北角楼、东南角楼、午门等地正在进行灯光调试，准备上元之夜灯光秀，吸引不少摄影爱好者和市民游客拍照观赏、提前尝鲜。他们在神武门前、景山顶等地架起长枪短炮，争相记录这一难得一见的场景。**王铁忠 / 千龙图像 / 视觉中国**

2019 年 2 月 19 日，故宫“紫禁城上元之夜”元宵节文化活动上演，让市民们看到故宫的另一种美。**（上）王晓溪 / 北京青年报 / 视觉中国　（下）风依 / 视觉中国**

图为 2021 年 10 月 3 日的杭州拱宸桥。拱宸桥东西横跨大运河，是京杭大运河到杭州的终点标志。始建于明崇祯四年（1631），清光绪十一年（1888）重建，中间几经兴废。该桥全长 92 米，桥身用条石错缝砌筑，上贯穿长锁石，桥面呈柔和弧形，为三孔薄墩石拱桥，纵联分节并列砌筑。桥体巍峨高大，气魄雄伟，是杭州城区最大的一座石拱桥，同时也是拱宸桥地区的标志性建筑物。**吴建滨 / 视觉中国**

北京佟麟阁路 85 号有一栋拥有 112 年历史的建筑——北京中华圣公会教堂。现在这里成了一个“网红”景点，每日顾客盈门。它以模范书局 + 诗空间的身份重新开张。**陈风樑 / 千龙图像 / 视觉中国**

2017 年 12 月 10 日，现场观看电竞比赛的北京市民。当日，手机游戏《王者荣耀》第 4 届城市赛全国总决赛在北京举行。**李慧思 / 中新社 / 视觉中国**

1999 年出生的北京小伙开网店卖脱口秀段子，想向更多人传递快乐。**视觉中国**

2019 年 10 月 27 日，因《乐队的夏天》而再度爆红的新裤子乐队，现身厦门草莓音乐节压轴表演，现场人气爆棚，舞台下方人潮拥挤。

李翔宇 / 视觉中国

2020 年 10 月，北京草莓音乐节上五条人乐队在演出。

毛旭倩 / 视觉中国

2020 年 4 月 20 日，位于江苏省镇江市丹徒区的中国醋文化博物馆的工作人员正在通过直播平台向观众讲解醋知识。**封疆江 / 视觉中国**

2017 年 6 月 6 日，“朝花夕拾 / 千年之约”非遗时装秀在北京恭王府举行。通过展示苏绣、京绣、粤绣、宋锦、南京云锦木机妆花手工织造技艺、苏州缂丝织造技艺、香云纱染整技艺等多项国家级非物质文化遗产与现代服饰设计的时尚融合，再现传统手工技艺的精妙。**李三弦 / 视觉中国**

日最先星
心
碧池静照寒松影
开万仞
远行不劳
吴丝蜀桐
稻米流脂

2022 年 2 月 2 日，西安大唐不夜城炫丽多彩的夜景，景观树上的“悬浮”古诗句别具一格。**李杰 / 视觉中国**

2022年3月3日晚，舞蹈诗剧《只此青绿》二轮全国巡演在海口的首演拉开帷幕，演出结束后，演职人员激情谢幕。**张茂 / 海南日报**

2018 年 3 月 23 日，浙江杭州千岛湖一龙舟造船厂的工人正在制作龙舟。

牛镜 / 视觉中国

2018 年 3 月至 4 月，生活在悉尼的王姣姣为了和队友一齐备战端午节的龙舟比赛，从淘宝上下单了一艘 14 米长的中国龙舟。8000 千米之外的杭州千岛湖，在培生船厂工作了 18 年的朱武新从未想过有一天自己做的龙舟通过电商可以走出国门，卖给远在澳大利亚的客户。上半年正是生意的旺季，自春节后端午节的龙舟订单就不断涌来。历经了 15 天在太平洋上的跨国之旅，这艘龙舟终于抵达了悉尼港。当装载着龙舟的集装箱抵达俱乐部的时候，王姣姣的队友们都等在那里，20 多个人把龙舟抬出来，组装好，大家迫不及待地想试试这艘全新的龙舟。从杭州千岛湖到悉尼情人港，一艘龙舟，治愈的是 8000 千米的乡愁。**牛镜 / 视觉中国**

2020 年 12 月 13 日，游客在欣赏夜幕下如梦似幻的世界文化遗产——洛阳龙门石窟。在夜幕降临之时，在伊水两岸，数十万座石刻佛像静静地矗立于山体之间，在柔色灯光的照射下，散发着无尽的历史沧桑感。**黄政伟 / 视觉中国**

2021 年 4 月 25 日，第六届农耕文化节火把节在湖北黄冈蕲春雾云山举办，
5000 支火把照亮梯田，焰火在夜空绽放，美轮美奂。**张烈文 / 视觉中国**

2016 年 7 月 23 日晚，由中国最大年轻人潮流文化娱乐社区哔哩哔哩弹幕网主办的第四届 Bilibili Macro Link 二次元演唱会在上海举行，全息虚拟的国产女神洛天依在为全场粉丝演唱。**视觉中国**

2021 年 11 月 6 日，在冰岛举行的英雄联盟 S11 全球总决赛，中国 LPL 赛区的 EDG 战队以 3 比 2 击败韩国 LCK 赛区的 DK 战队，捧起召唤师杯。

Riot Games/ 视觉中国

非凡之路

Chapter 06

生命至上 抗击疫情

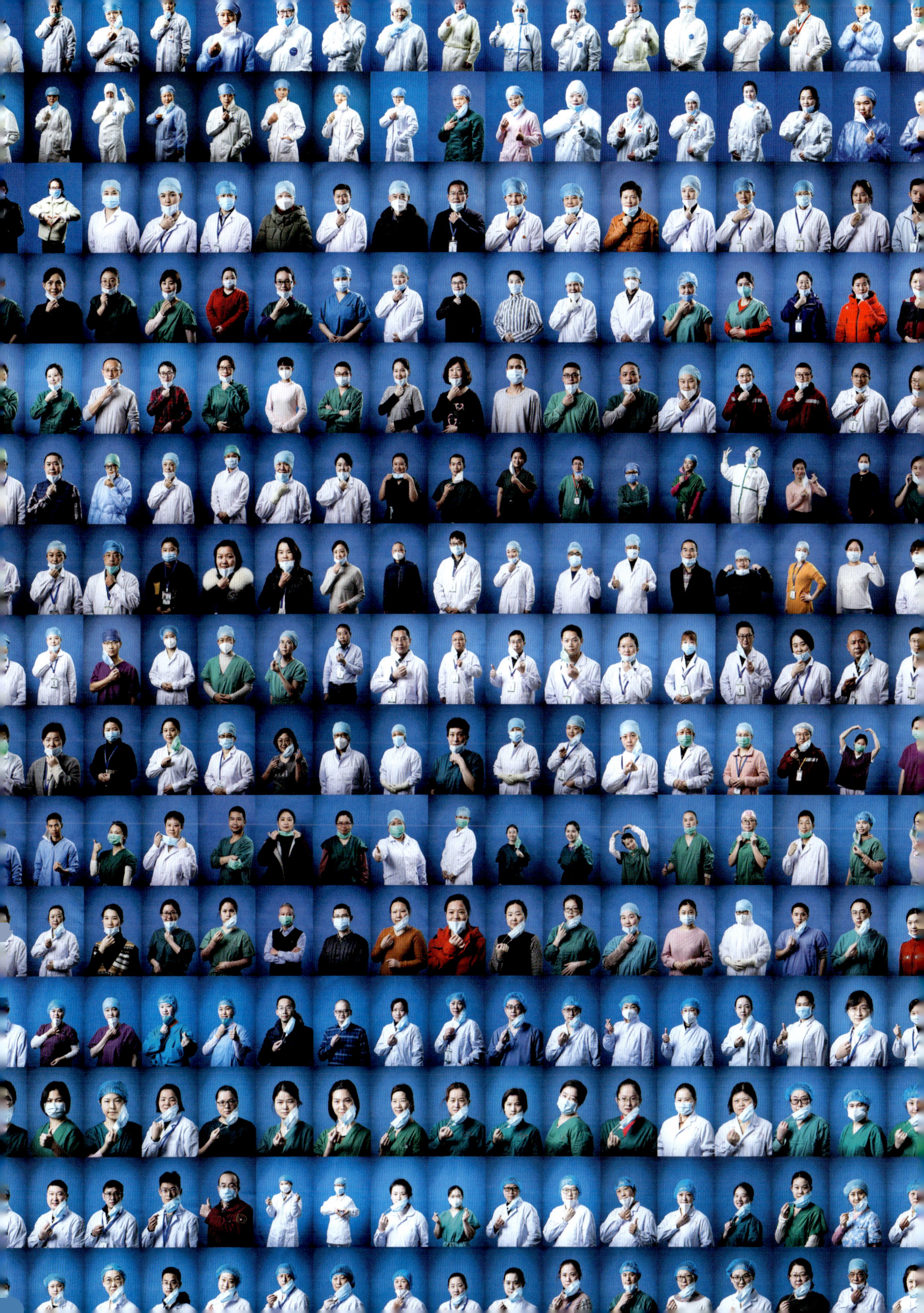

对于人类而言，病毒或许是永远无法消灭的敌人。突如其来的新冠病毒，让整个世界手足无措。这场“大流行”夺走的不仅仅是成千上万人的生命，还有无数岁月静好的想象和希望。

疫情改变了我们的生活习惯，它令曾经依赖外卖的人们学会了自己做饭，也令热爱活动的孩子远离了操场和篮球。它令白发苍苍的教授学会了网上授课，也令牙牙学语的孩子懂得了戴口罩的重要性。

但疫情同样在激励着我们，从茫然无措到淡定从容，从停摆一座城市的全面“封城”到动态清零的精准防控，虽然每一次的进步都很细微，虽然我们的应对依旧谈不上尽善尽美，但我们相信，心怀着“人民至上、生命至上”的理念，我们终将走出寒冬，去拥抱那阳光明媚的春天。

（288—289 页图） 图为 2020 年 510 张援鄂医疗队和武汉本地医护人员的脸庞。他们不仅是白衣为甲的战士、守护人民生命安全的长城，更是一群和我们一样的普通人。向平凡而伟大的他们致敬。
陈学孜 / 人民视觉

（下页图）2020 年初，摄影师前往武汉，为奋战在抗击新冠肺炎一线的援鄂医疗队员拍摄肖像。这幅作品由十几位摄影师拍摄的白衣战士肖像透叠合成，最终形成了一个佩戴口罩的符号性医疗工作者形象。当图像不断叠加，许多细节也在不断地模糊与融合，唯有他们的双眼愈发地坚定，眼神中散发着光芒，传递出中国医疗工作者面对疫情的勇气与决心。**阿洛 / 人民视觉**

winner

2020 年 1 月 23 日，武汉版“小汤山”——武汉火神山医院施工现场。这是一场全国瞩目的工程。央视直播间里几乎每天都汇集着数以千万计的“云监工”，他们亲切地将挖掘机称为“蓝忘机”，将探照灯称为“光武帝”。

陈卓 / 长江日报 / 人民视觉

2020 年 2 月 16 日晚 10 点，武汉金银潭医院内，涂盛锦和曹珊在车里睡下，这辆陪伴他们 8 年的大众 MPV 就是夫妻俩住了第 23 天的家。他们这么做，只是为了把酒店房间让给外地医生、把医院床位让给同事，只是为了节省那从“家”赶赴病房的 10 分钟。**陈卓 / 长江日报 / 人民视觉**

2020 年 2 月 22 日，武汉体育中心方舱医院。体育馆临时改造成方舱医院，用于收治新冠肺炎轻症患者。**吴明 / 南方视觉 / 视觉中国**

2020 年 2 月 18 日，武汉客厅方舱医院，高三女孩黄玉婷正在备战高考，“课桌”上放着平板电脑和纸质书。疫情总会过去，而生活还在继续。加油，少年！

陈卓 / 长江日报 / 人民视觉

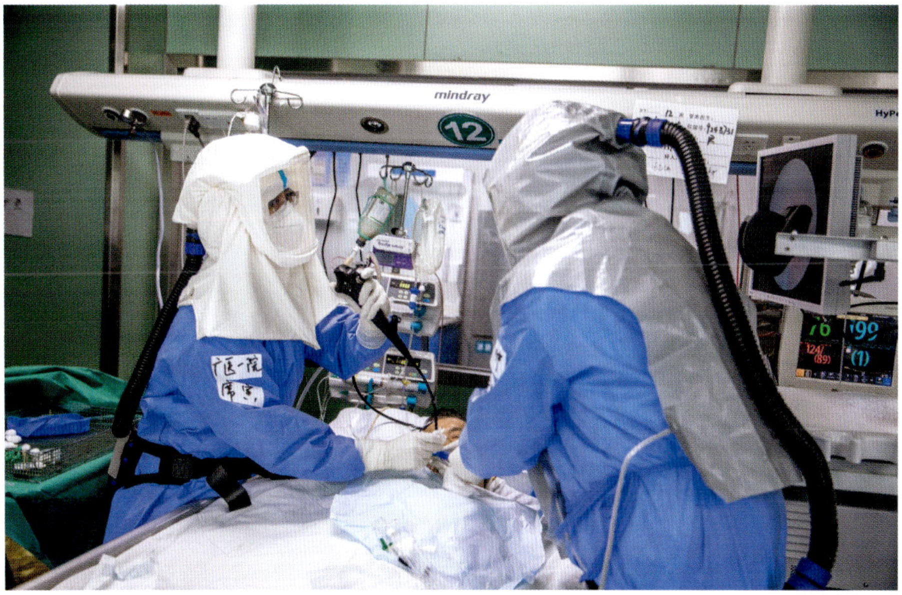

2020 年 3 月 4 日中午，湖北武汉协和医院西院二楼 ICU 里，医生席寅与李仕成穿着正压头套为一位危重症患者吸痰。这是和气管插管一样危险的治疗环节，因为如果患者因刺激而咳嗽，会产生含病毒的高浓度气溶胶，威胁医生的安全。

谭庆驹 / 南方都市报 / 人民视觉

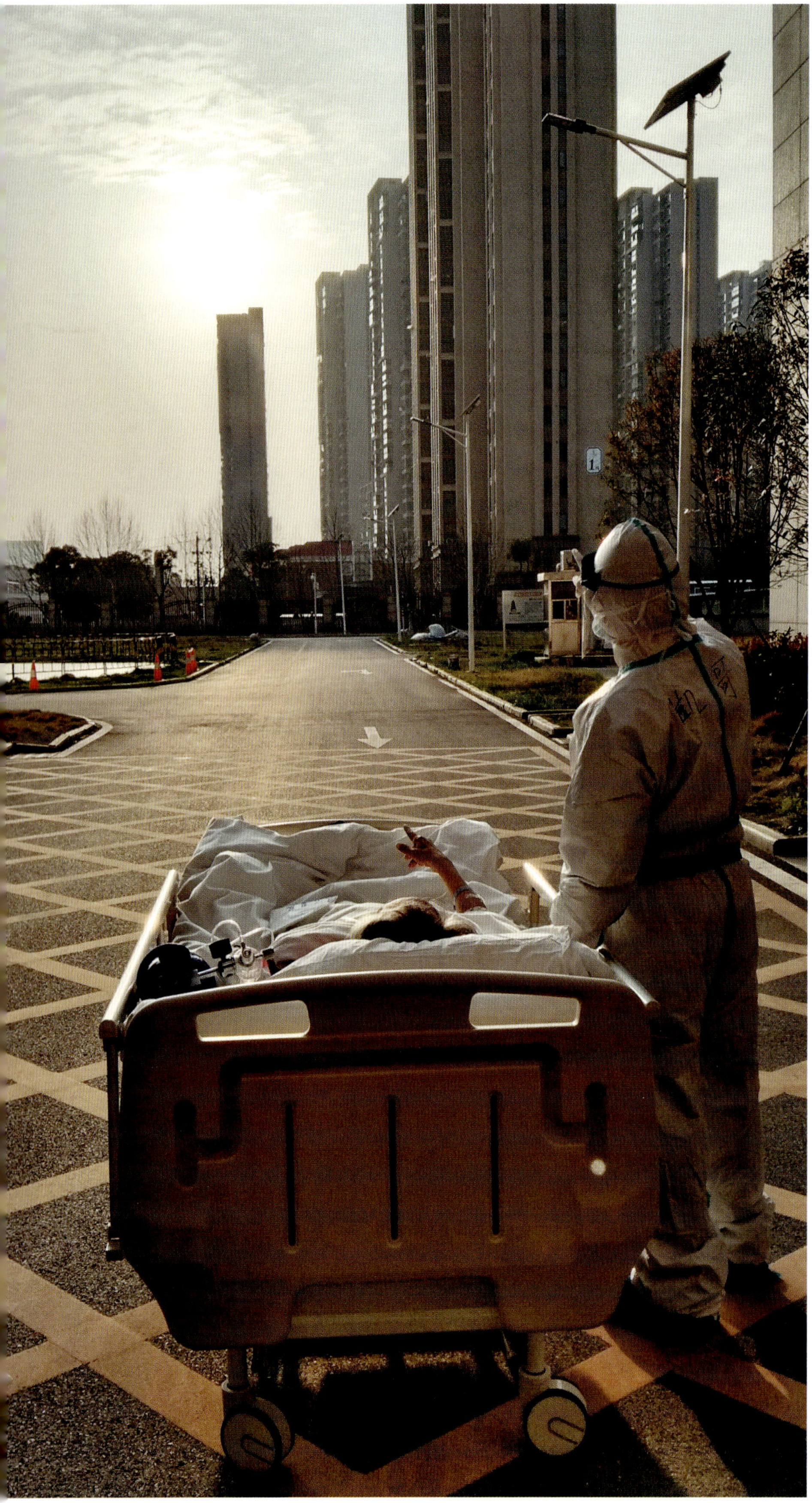

2020 年 3 月 5 日傍晚，在武汉大学人民医院东院，上海复旦大学附属中山医院援鄂医疗队队员刘凯医生护送一位 87 岁老人做 CT 检查，之后二人一同欣赏落日与霞光。虽然事后刘凯医生在谈及此事时，只是平淡表示：“原本想等老人病好了给他看看，也给自己留个纪念，没想到能感动那么多人。”但他接下来的话却还是让无数共同度过那些艰难的国人为之动容：“可能因为这段时间，大家都不好过，所以我们都需要阳光。”

是啊！冬天的阴霾总会过去，我们终将共同沐浴在春日的和煦之中。

甘俊超 / 人民视觉

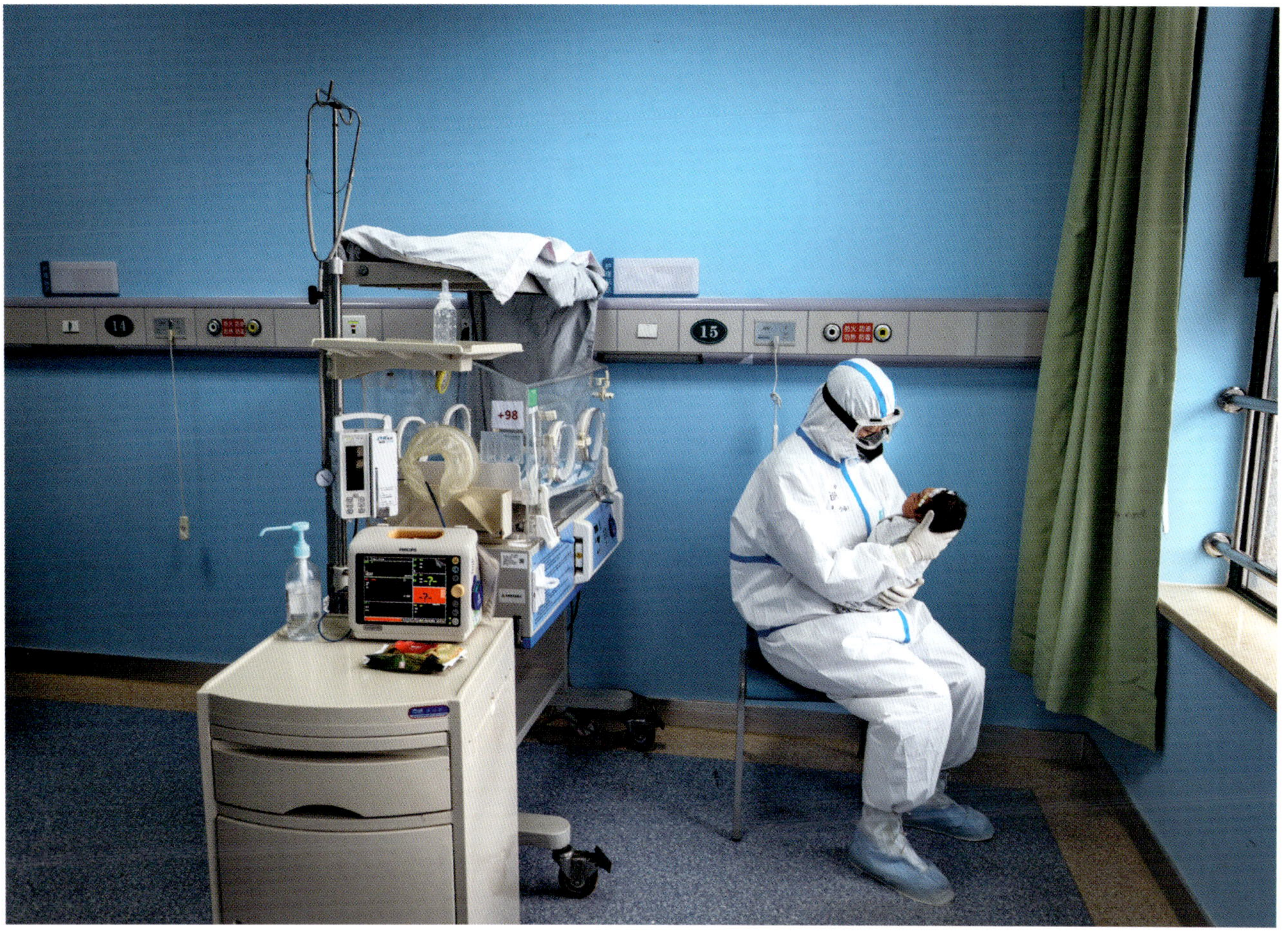

2020 年 3 月 16 日，武汉市儿童医院 NCP 隔离病区，新生儿内科护师赵佩哄着患儿，做起了临时妈妈。接受采访时，她淡然地说道："我的女儿 11 个月大了，已经两个月没见了。"医者父母心，不外乎此。**潘松刚 / 人民视觉**

万众一心

（上页图）2020 年 3 月 25 日上午，来自湖北省中医院的刘芙蓉医生带领 11 栋隔离区的康复隔离人员做八段锦，这是她在武汉软件工程职业学院康复驿站的最后一次值班。**张志韬 / 南方都市报 / 人民视觉**

2020 年 3 月 9 日晚，湖北省人民医院江文洋医生结束了在武昌方舱医院最后一个夜班后躺在空床上。在过去的日日夜夜里，很多和他一样的方舱医院工作人员，都竭力将微笑和舒适带给每一位患者，却唯独没有留一份惬意和放松给自己。现在，他们终于可以好好歇歇了。**赖鑫琳 / 摄**

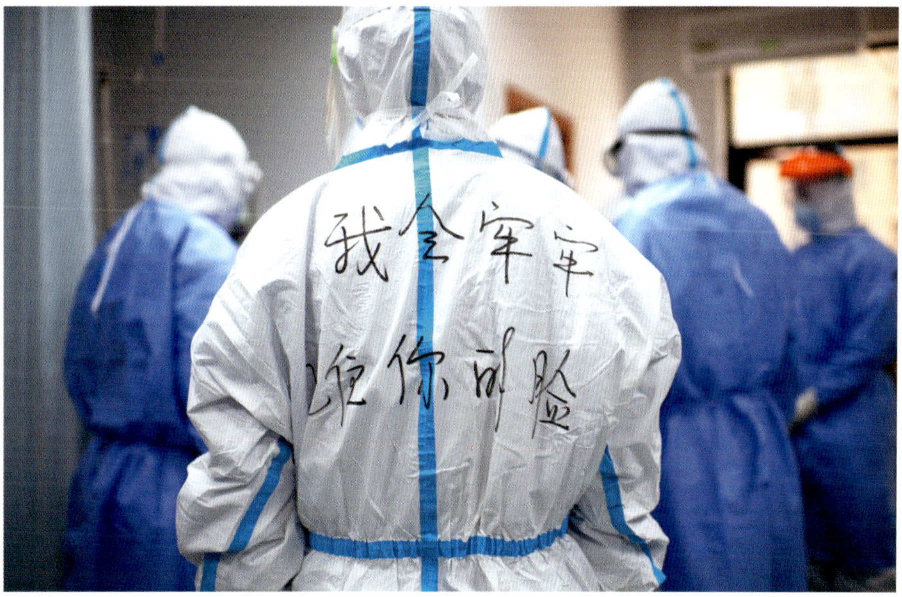

2020 年 3 月 19 日，武汉汉口医院的医护人员前来接班时在防护服上写下“我会牢牢记住你的脸”。这句充满着年代感的歌词，后半句是“我会珍惜你给的思念，这些日子在我心中永远都不会抹去”。**张梓望 / 南方视觉 / 视觉中国**

2020 年 3 月 16 日晚，武汉长江二桥上打出了“中国必胜”灯光字幕。

谭庆驹 / 南方都市报 / 人民视觉

2020 年 4 月 4 日上午 10 点，武汉得胜桥社区居民在家门口默哀。这个比邻黄鹤楼的社区，虽然不是这场疫情的重灾区，但是作为武汉人，他们对每一个永远离开这座城市的生命都怀有深切的遗憾和追思。**张梓望 / 南方视觉 / 视觉中国**

2020 年 3 月 1 日上午 9 时，武汉市红十字会医院 7 楼临时 ICU 病区的 11 床边，当黄晓波医生和同事一起，经过近半个小时的手术，取下新冠肺炎危重症患者的 ECMO 人工膜肺时，看到监护仪上稳定的数据，黄晓波感到这是“支援武汉一个多月来最开心的日子”，走出病房甚至一度哼唱起他平日最爱的《春暖花开》。毕竟，使用 ECMO 人工膜肺技术成功抢救新冠肺炎危重症患者的案例少之又少。图为来自上海的护士田定远下班后用酒精清理鼻腔。**陈卓 / 长江日报 / 人民视觉**

为应对新冠肺炎疫情，奋战在核酸检测一线的广州医护人员，抓紧时间休息一下。**石建华 / 人民视觉**

2020 年 5 月 5 日，武汉蓝天救援队对因疫情原因关闭的武汉剧院进行严格消杀，确保复开后环境安全。**赵军 / 人民视觉**

2020年3月28日，武汉共六条地铁线路恢复开通。29日，逐步恢复的公交线路达到180条，占所有公交线路三成左右。此外，武汉多家商场复工营业有了时间表。3月底4月初，中南商圈、中北路商圈、解放大道商圈、江汉路商圈、街道口商圈、光谷商圈等部分商家陆续开始营业。交通和商业的复苏使城市的人气重新聚集，更多市民在做好防控的前提下，走出家门。摄影师在银行、公园、快餐店、菜市场见证这座城市的重启。图为一名市民在武汉西马路隔离围栏内跳舞。

张志韬 / 南方都市报 / 人民视觉

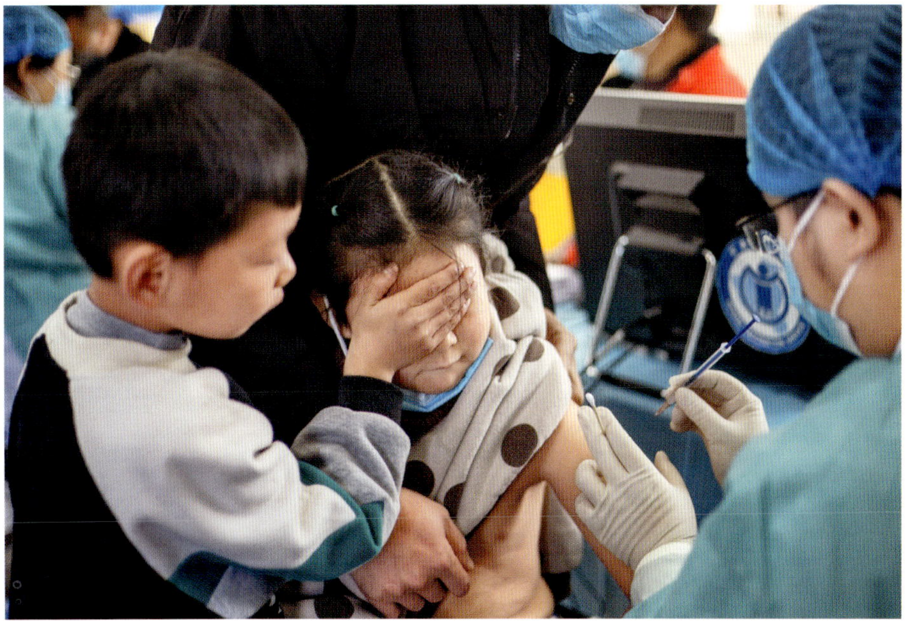

2021 年 11 月 9 日，河南焦作五里源中心小学的小学生们在接种新冠疫苗。疾控中心的医护人员进到校园，按照流程，给孩子们完成新冠疫苗第一针接种。
常小创 / 人民视觉

2021 年 10 月 31 日，上海市接报，有一名核酸阳性病例曾经到迪士尼游玩，整个上海应声而动，园区发布通告，即刻起停止游客进入，医护人员逆行入园，紧张有序地进行核酸检测工作。与此同时，轨道交通迪士尼站暂停运营。220 辆临时接驳公交车转送游客，晚上 11 点刚过，园内所有游客核酸检测采样完成。**余儒文 / 人民视觉**

2021 年 11 月 19 日，疫情防控下实行封闭管理的大连庄河市长岭镇洪昌村庙下屯，一位“90 后”护士在民警的帮助下爬墙给隔离在家的住户做核酸检测采样。

关晓东 / 人民视觉

2021 年 6 月 5 日，在广州黄石街核酸采集点，一名医护工作者脱下防护服，额头上的汗珠一直往下落。

石建华 / 人民视觉

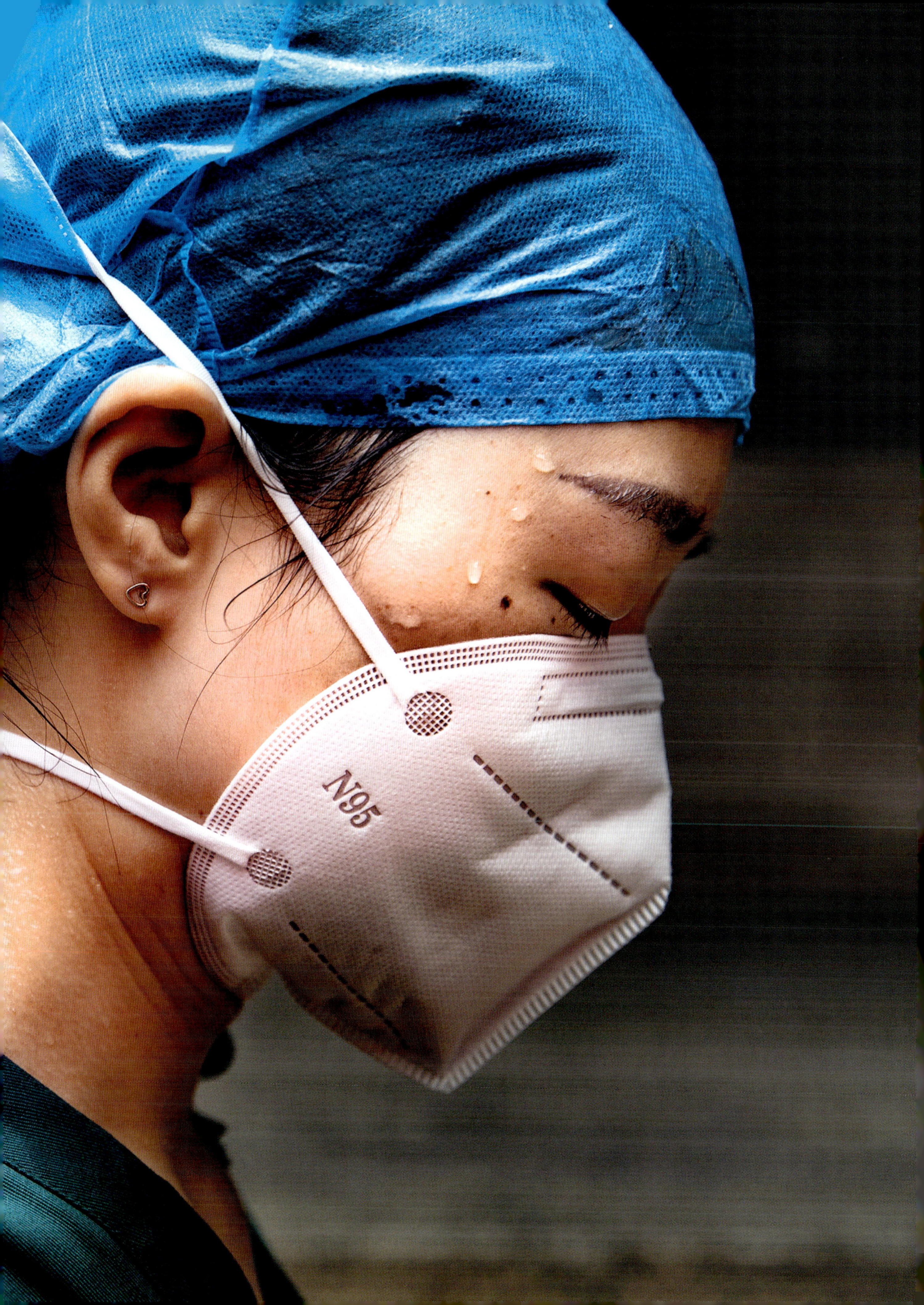
N95

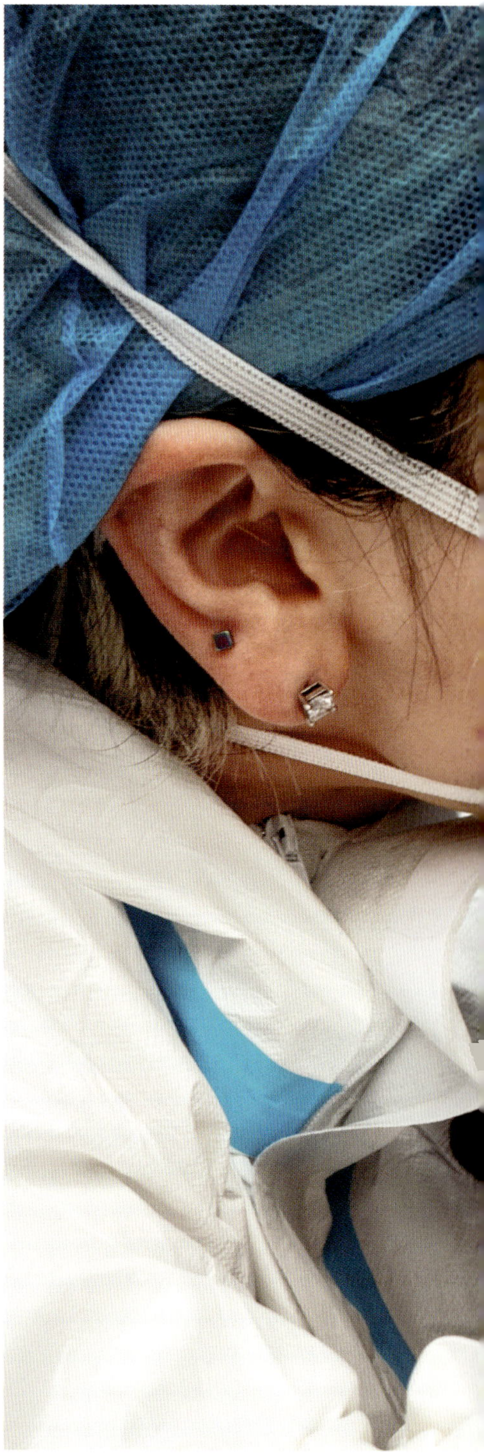

2022 年 5 月 26 日，上海首家动物方舱顺利关舱。据悉，从 5 月 8 日迎来首位“客人”至今，这里共接收了 55 只小动物。

黄浦区老西门街道动物方舱是上海首个动物方舱，用于安置和照料老西门街道辖区内阳性感染者、密接人员的宠物。从 5 月 8 日开舱到 5 月 26 日关舱，这个由征收房屋改建而成的动物方舱，总共为 40 多只狗和 10 多只猫提供了专业的照顾。

这个小小的动物方舱，面积百来平方米，分为两个房间，一个用于安置小狗，一个用于安置小猫。动物方舱摸索出了一套标准化的消杀及工作管理流程，入舱、入舍、喂食、清洁以及处理排泄物必须按流程进行消毒，每日开舱到关舱期间环境消杀三次，管理人员严格执行个人防护消杀及穿脱防护服消杀流程。狗狗定点喂食时间为每日上午 9：30、下午 17：30，全日提供饮用水，排泄物及时处理及消杀。猫咪喂食为全日提供猫粮及饮用水，排泄物及时处理及消杀。**（上）张亨伟 / 中新社上海分社　（右）刘行喆 / 人民视觉**

3M 9502+ N95
NIOSH
GB2626-2019 KN95

2023 年 1 月 26 日，春节期间，重庆洪崖洞景区游人如织。疫情过后，大家都恢复正常生活，游客也开始将全国的景区挤满。

白冰 / 视觉中国

2023 年 2 月 2 日虎年农历正月初二，陕西省西安市的大唐不夜城，炫丽多彩的夜景登场，来此观光旅游的游客摩肩接踵，这里又恢复了往日的喧嚣。

李杰 / 视觉中国

非凡之路

Chapter 07

绿水青山
国家公园

青藏高原上的野生裸鲤，是高原水资源清洁度的标志物种。**程斌 / 摄**

著名的英国纪录片制作人大卫·爱登堡爵士曾经在自己的著作里写到："当我还是年轻人时，我感受自己身处野外，依旧能够体验未受破坏的自然世界——但那是一种幻觉，我们这个时代的悲剧一直在发生，几乎每天都没有引起公众的注意。我们星球的荒野和生物多样性正在丧失……

生态保护、生物多样性保护是全球面临的问题，是人类发展和自然之间的一种平衡和妥协的艺术。面对每况愈下的环境危机，中国政府于 2020 年 9 月在联合国大会上庄严承诺，将在 2030 年之前实现"碳达峰"，2060 年之前实现"碳中和"，为世界树立了标杆和模板。

以党的第十八次全国代表大会为节点，中国自然生态和环境保护工作迎来了飞跃性的改变。在此之前，保护工作者时常笼罩着一层孤独行者的光环，其工作较少与整体的发展建设形成积极联动，甚至有时会被视为地区经济发展的"对立面"。在十八大后，人民对绿水青山美好环境的追求与经济发展一道被视为社会主义现代化建设的目标，良好的生态环境是最普惠的民生福祉；经济建设、政治建设、文化建设、社会建设、生态文明建设共同构成"五位一体"中国特色社会主义事业的总体布局。认知与战略地位的双重提升无疑为后续工作奠定了坚实的理论基础。

随即，全国人民代表大会作为立法机关迅速推进完善生态环境保护领域的立法工作——《土壤污染防治法》《环保税法》等新的法律法规得以颁布实施；《环境保护法》《海洋环境保护法》《野生动物保护法》等已有法律法规得到了修正和修订；2018 年十三届全国人大一次会议通过表决，将"生态文明"写入《中华人民共和国宪法》。

为了切实推进生态文明建设的开展，与之匹配的体制架构不可或缺。在党中央领导下，生态文明体制改革全面推进。2015 年 9 月，中共中央、国务院印发了《生态文明体制改革总体方案》，被称为"生态文明建设四梁八柱"的自然资源资产产权制度、国土空间开发保护制度、环境治理体系等八大制度体系得到建立，为生态文明建设后续发展提供了基本体制架构。

创新性的制度改革为生态环境工作带来了全新的局面。生态文明建设绩效评价制度、党政领导干部生态环境损害责任追究制度、领导干部自然资源资产离任审计等创新制度，保障了生态文明建设在日常工作中确实得到落实。生态补偿制度的建立健全更是扭转了以往保护工作"有投入没收益"的窘境，通过"政府主导社会参与"的方式，由保护受益者给予生态保护者合理的补偿，为有效保护注入了新活力。

完善工作架构的同时，一个又一个行动推动着生态文明建设阔步向前迈进。生态环境监测网络建设、迭代升级监测评估方法和监测指标体系、土壤污染防治行动、叫停"洋垃圾"进口、改善农村人居环境……

2021 年 10 月 12 日，在《生物多样性公约》第十五次缔约方大会领导人峰会上，我国首批国家公园名单公布：三江源国家公园、大熊猫国家公园、东北虎豹国家公园、海南热带雨林国家公园、武夷山国家公园成为我国正式设立的第一批国家公园，涉及青海、西藏、四川、陕西、甘肃、吉林、黑龙江、海南、福建、江西等 10 个省区，均处于我国生态安全战略格局的关键区域，保护面积达 23 万平方公里，涵盖近 30% 的陆域国家重点保护野生动植物种类。从国宝大熊猫徘徊的川陕群山，到藏羚羊奔驰的青藏高原，从云蒸霞蔚的海南岛热带雨林，到东北原始红松林，升级后以国家公园为主体的保护地体系守护着华夏最为生机勃勃的宝地。

（邸皓 / 文）

从 2016 年开始，奚志农就在青海省玉树藏族自治州昂赛乡指导当地的年轻牧民，如何记录自己最熟悉的野生动物。他们不断追踪并记录着雪豹的行踪。这一次，他们很幸运地发现了这只正在哺育宝宝的雪豹。“透过取景器看到，一只小雪豹的脸正对洞口，很安逸地睡在妈妈身上，妈妈的大尾巴相当于一条大围脖或一床被子。看上去真令人感动。”摄影师奚志农回忆道。**奚志农 / 摄**

三江源国家公园，澜沧江畔的昂赛乡，这里有着典型的雪豹栖息环境，当地牧民次丁在野性中国的支持下开始拿起相机学习摄影，发挥地理熟悉的优点，经常发现外人很难见到的动物，比如镜头里的这只幼年雪豹，由于距离比较近，雪豹幼崽摆出了防御的姿势。**次丁 / 野性中国**

藏羚羊奔走在水墨羌塘。这张作品获得野性中国生物多样性摄影大赛冠军、中国野生生物摄影年赛年度摄影师冠军。2019 年 12 月底，学者、摄影师李彬彬是在羌塘做野生动物调查。海拔 5000 多米，大风卷着雪，就像是要进入地狱一样。她在行进中看到远处两只雄性藏羚羊。广阔的平原，背后是群山，前面是藏羚羊，这是比较罕见的一种场景，产生了水墨画一样的效果。于是她在严酷的环境下拍到梦幻的一个瞬间。**李彬彬 / 摄**

三江源国家公园，青海玉树藏族自治州杂多县扎西拉普寺，一直位于高原生物链顶层的猛禽大鵟降落在河岸的岩石上，俯视着自己的领地，红色的扎曲河流经此地，扎曲河畔的自然资源极为丰富，盛产药材，是熊、豹、鹿、马鸡等珍贵野生动物的栖息地。

董磊 / 摄

青海玉树藏族自治州杂多县昂赛大峡谷，澜沧江畔的山坡上，大雪覆盖着这片生机勃勃的土地，阴沉的天空投射出局部的光线，照在岩羊的身上。**次丁 / 野性中国**

王朗保护区，大渡河峡谷白熊沟，水源地中喝水的野生大熊猫。红外触发相机近距离拍摄。**董磊 / 摄**

大熊猫国家公园，王朗保护区，山脊处使用红外触发相机拍摄到的野生川金丝猴。**董磊 / 摄**

因有一身红褐色的皮毛，其英文名称被称作 RedPanda，作为现今亚洲的特有科，喜马拉雅山脉东部温带森林中的特有物种，小熊猫是一个比国宝大熊猫科学命名时间还要早的物种，而我国的大熊猫国家公园是小熊猫分布最为密集的区域。

奚志农 / 摄

摄影师董磊的团队在卧龙保护区里的大雪塘和四姑娘山这两个点用自动触发式相机拍到过雪豹和金钱豹。这个地方距离成都仅仅有 101-230 千米的距离，之前很难想象能够在距离城市这么近的位置上拍摄到雪豹的活动场景。

董磊 / 摄

贡嘎山燕子沟的红石滩，是中国西南部山区的独特景观。石头上布满红色微生物，在高山特有的生态环境内得以繁衍，构成了生命与环境相融共存的奇特景观。**董磊 / 摄**

摄影师董磊的团队在卧龙保护区里的大雪塘和四姑娘山这两个点用自动触发式相机拍到过雪豹和金钱豹。这个地方距离成都仅仅有 101-230 千米的距离，之前很难想象能够在距离城市这么近的位置上拍摄到雪豹的活动场景。**董磊 / 摄**

海南岛热带雨林国家公园，霸王岭的原始森林。海南岛热带雨林是中国唯一的海岛型热带雨林，霸王岭国家级自然保护区属森林生态系统类型自然保护区，主要保护对象是海南长臂猿及其栖息地、热带雨林及其生态系统。**董磊 / 摄**

海南岛热带雨林国家公园，尖峰岭原始森林中的斑飞蜥。斑飞蜥的肋部有发达的皮膜，皮膜由肋骨支撑，在遇到有需要时它会从树干高处纵身一跃，打开皮膜滑翔而下。在浓密的热带雨林中，这种快速移动的方式非常高效。**董磊 / 摄**

海南长臂猿在海南岛热带雨林国家公园里的树冠层活动。**奚志农 / 摄**

云南高黎贡山，中国生物多样性保护得最好的区域之一，天行长臂猿属于濒危物种（EN），它就生活在这篇森林中。天行长臂猿又称高黎贡长臂猿，2017 年才被科学确认为独立物种，中国的高黎贡山是它们的核心栖息地，在这一带生活的有大约 150 只。**董磊 / 摄**

云南香格里拉地区，白马雪山，冬季白雪皑皑，滇金丝猴早已习惯了这种恶劣的自然环境，在栖息地中怡然自得地休息。**奚志农 / 摄**

中华穿山甲在黄昏时分觅食。中华穿山甲是一种生活在南方森林中，夜间活动，主要挖掘蚂蚁洞穴，虽然是哺乳动物但却像蜥蜴一样身披鳞片的独特野生动物。它也是受到非法野生动物贸易威胁比较严重的一个物种。随着国家打击非法野生动物贸易的力度不断加大，这个物种已经得到了有效的保护。**董磊 / 摄**

2020 年 3 月 20 日，昆明市中级人民法院对社会高度关注的“云南绿孔雀”公益诉讼案作出一审判决：被告中国水电顾问集团新平开发有限公司立即停止基于现有环境影响评价下的戛洒江一级水电站建设项目。昆明中院经审理认为：戛洒江一级水电站的淹没区是绿孔雀栖息地，一旦淹没很可能会对绿孔雀的生存造成严重损害。这个案子是全国首例濒危野生动物保护预防性公益诉讼。**奚志农 / 摄**

2019 年 3 月 10 日，武夷山国家公园云海缭绕。

王东明 / 新华社福建分社 / 视觉中国

武夷山国家公园，林雕的栖息地。**廖士清 / 摄**

东北虎豹国家公园里人工饲养的东北虎。**奚志农 / 摄**

2021 年 6 月 7 日，云南省森林消防总队无人机监测任务分队监测显示，亚洲象群在昆明市晋宁区夕阳乡赖家新村山林地里睡觉休息。2021 年 4 月 16 日，从西双版纳出发的野象家族一路向北，首次靠近昆明附近的玉溪地区。这是亚洲象的足迹第一次出现在西双版纳、临沧和普洱以外的地区。16 头亚洲象的“北漂”壮举牵动了全国网友的心。

云南省北迁亚洲象群安全防范工作省级指挥部

秦岭的川金丝猴。**张强 / 摄**

秦岭四宝中，在中国曾经一度仅剩 7 只的珍稀鸟类朱鹮，目前通过几代野生动物保护工作者的努力和当地人的保护，已经恢复了种群数量。1978 年，中科院鸟类专家刘荫增受命寻找朱鹮，领命出发的刘老师在之后的 4 年里跋涉了 5 万余千米。终于，1981 年在洋县发现我国仅存的 7 只野生朱鹮。1981 年到如今已经过去了 40 多年，这 40 多年的保护，让野生朱鹮从 7 只繁衍至 5000 多只。现在已经搬到洋县的刘老说，以前想看朱鹮只能看标本，这么些年大家的努力总算没有白费，现在洋县的田间地头随处可见朱鹮飞过。**张强 / 摄**

在北部湾海域，距离石油钻井平台一段距离的海域中，布氏鲸正在捕食。近几年生态改善，布氏鲸频繁出没于北部湾海域，广西海监队伍也加强了对于它们的保护。船员们自动自发地远远守在鲸鱼经常出没的海域边缘，采取值班形式，持续巡航监控相关海域，派出快艇通知经过该海域的渔船绕行避让，避免船艇发动机噪声惊吓鲸群。同时，加强日常海域海岛执法监管，加大打击非法捕捞力度，全面保护责任辖区的海洋生态环境安全。涠洲岛海域是我国近海在 20 世纪 80 年代后发现的已知唯一的大型鲸类捕食场所。布氏鲸高频次、多数量现身海域所在的北海市，是广西首个国家级海洋生态文明示范区。广西科学院广西北部湾海洋研究中心专家陈默表示，海洋大型哺乳动物既是生态系统顶级捕食者，也是生态系统指示物种。近六年布氏鲸在涠洲岛至斜阳岛海域活动频繁，足以说明北部湾海域整体生态环境状态稳定良好。**陈默 / 摄**

巡护员：中国基层野生动物和自然生态保护的基石群体

中国面积广大，不同的自然保护区都有着自己独特的环境，一道保护的命令或者立法从宏观层面确立后，都是靠基层的保护区、巡护站来执行。巡护员，事实上就是中国野生动物保护的一线工作人员，就是真正落实中国自然生态保护的主力军。基层保护区的巡护员，常年跋山涉水，他们承担了繁重的护林和野生动物保护任务，每天走 10~30 千米的山路是家常便饭，上级的所有监测、保护任务，都由他们在一线实地完成。

王斌在 2004 年进入西双版纳国家级自然保护区管护局，他最喜欢日常的野外巡护和监测工作。他曾无数次在野外监测过野象的活动，留下过许多刻骨铭心的回忆。保护区的大部分地区属于原始丛林，不确定的因素很多，王斌和同事们有时需要带上干粮和帐篷，进入丛林好几天。丛林里潜伏着不少危险，除了野象，还有黑熊、野猪、蛇、大土蜂等。未来，王斌希望国家能够继续关注和支持野生亚洲象的保护工作，建立一个以亚洲象保护为中心的国家公园，调动保护区内一切可以调配的资源，把亚洲象赖以生存的栖息地修复工作做好，最终形成一个综合性的保护区，让亚洲象能够得到充足的食物和良好的生存空间。

吴皓 / 人民视觉

广西弄岗自然保护区的巡护员，坐上皮卡穿梭在喀斯特峰林中的亚热带原始森林中，给野性中国主办的中国野生动物摄影训练营的学员送饭。**海杜马 / 摄**

2021 年春季，怒江高黎贡山国家级自然保护区泸水管护分局的护林员八一夸和同事在执行白尾梢虹雉巡护监测期间，驻扎在临时过夜的营地，生火做饭。

左凌仁 / 摄

海南霸王岭国家森林公园的巡护员在帐篷中生火做饭。**海杜马 / 摄**

（下页图）四川马边大风顶国家级自然保护区，10 月的雨几乎没停过，为了按时完成红外相机监测工作，巡护员们不得不每天冒雨上山在密林中徒步行走十多千米，巡护员黄耀华在茂密的玉山竹灌丛中穿行时自拍下他自己当时的狼狈样。

黄耀华 / 摄

内 容 简 介

十多年以来，中国取得了举世瞩目的伟大成就。本书站在大众的视角，选取与老百姓日常生活息息相关的场景作为切入点，通过科技强国、交通互连、万物互联、美丽乡村、文化自信、自然生态等多层次、多维度的内容，以生动形象的图片、对比鲜明的图表、科学严谨的文字、通俗易懂的叙述，用广大读者喜闻乐见的轻松阅读方式，全面展示十多年来所取得的历史性成就和历史性变革，讲好中国故事，传播好中国声音，展现可信、可爱、可敬的中国形象。

图书在版编目（CIP）数据

非凡之路 ： 影像里的中国故事 / 视觉中国主编. --北京 ： 电子工业出版社， 2023.3

ISBN 978-7-121-44644-3

Ⅰ. ①非… Ⅱ. ①视… Ⅲ. ①社会主义建设成就－中国－通俗读物 Ⅳ. ①D619-49

中国版本图书馆CIP数据核字(2022)第231630号

责任编辑：赵英华
印　　刷：北京利丰雅高长城印刷有限公司
装　　订：北京利丰雅高长城印刷有限公司
出版发行：电子工业出版社
　　　　　北京市海淀区万寿路173信箱　邮编：100036
开　　本：880×1230　1/16　印张：22.25　字数：640.8千字
版　　次：2023年3月第1版
印　　次：2023年3月第1次印刷
定　　价：198.00元

凡所购买电子工业出版社图书有缺损问题，请向购买书店调换。若书店售缺，请与本社发行部联系，联系及邮购电话：(010)88254888，88258888。

质量投诉请发邮件至zlts@phei.com.cn，盗版侵权举报请发邮件至dbqq@phei.com.cn。

本书咨询联系方式：(010)88254161~88254167转1897。